JN317497

文庫

東京の地霊《ゲニウス・ロキ》

鈴木博之

筑摩書房

目次

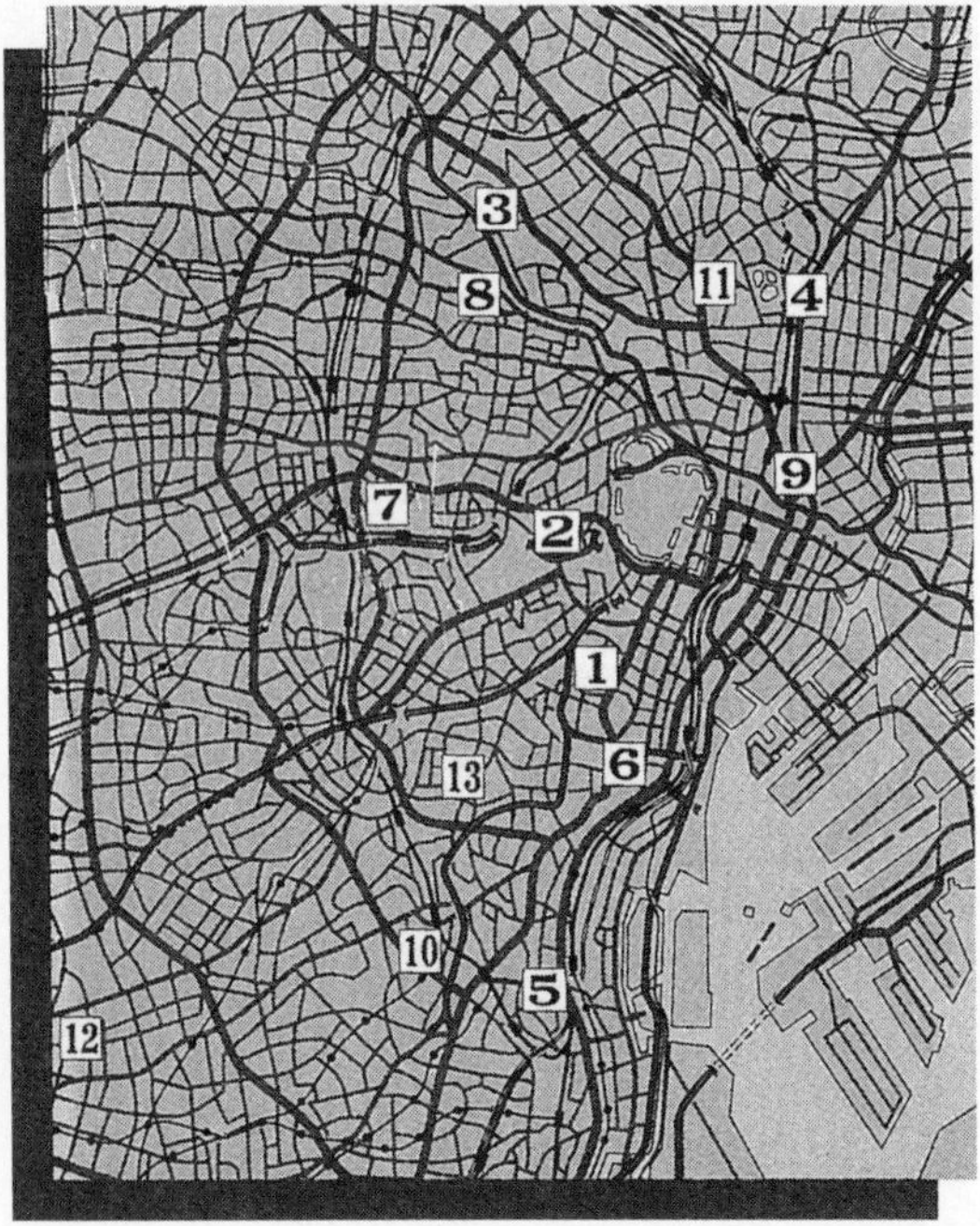

東京の地霊《ゲニウス・ロキ》

まえがき――東京と「地霊《ゲニウス・ロキ》」

東京の現在は、明治維新以来の首都変貌の歴史の、ひとつの終局を迎えつつあるように思う。

民間活力の導入、国鉄分割民営化など、国土をめぐる新しいうごきが一九八〇年代なかばの中曾根政権下での政策から活発になった。とりわけ東京の土地は、いままさに未曾有の変貌をとげつつある。

どのような土地であれ、土地には固有の可能性が秘められている。その可能性の軌跡が現在の土地の姿をつくり出し、都市をつくり出してゆく。東京の場合も、決して例外ではなかった。むしろ近代の東京の歴史は、そうした土地の歴史の集積として見られなければならなかったのではないか。都市の歴史は土地の歴史である。

本書はその意味で東京という都市の歴史を描いたものである。ところが一般には、都市史研究といわれるものの大半が、じつは都市そのものの歴史ではなく、都市に関する制度の歴史であったり、都市計画やそのヴィジョンの歴史であったりすることに、かねがね私は飽きたらなさを感じていた。都市とは、為政者や権力者たちの構想によって作られたり、有能な専門家たちによる都市計画によって作られたりするだけではない存在なのだ。現実に都市に暮らし、都市の一部分を所有する人たちが、さまざまな可能性を求めて行動する行為の集積として、われわれの都市はつくられてゆくのである。

江戸から明治へ、そして現代へと、東京は変容しつづけている。その現実の断片を、私は浮び上らせてみたくて、この書物をまとめた。現実の断片というものが、どれほど興味深い真実に満ちていたことか。

土地の歴史という視点は、「地霊」という概念に、あるところまでゆくと突き当る。地霊とは、「ゲニウス・ロキ」という言葉の訳語である。「ゲニウス・ロキ（Genius loci）」とはラテン語である。この言葉のうち、「ゲニウス」という語は、本来の意味としては、生む人、それも特に父性を示すものであったという。この言葉がやがて人を守護する精霊もしくは精気という概念に移行し、さらには、人に限らずさまざまな事物に付随する守護の霊というものにまで拡大して用いられるようになった。「ロキ」というのは「ロコ（loco）」あるいは「ロクス（locus）」という言葉が原形で、場所・土地という意味である。

つまり全体としては、ゲニウス・ロキという言葉の意味は土地に対する守護の霊ということになる。一般にこれは土地霊とか土地の精霊と訳される。しかしながら、それは土地の神様とか産土神《うぶすながみ》といった鎮守様のようなものとは考えられておらず、姿形なくどこかに漂っている精気のごときものとされるのである。

ゲニウス・ロキとは、結局のところある土地から引き出される霊感とか、土地に結びついた連想性、あるいは土地がもつ可能性といった概念になる。

しばらくの間、私はこのゲニウス・ロキという言葉を「土地の精霊」と訳してきたのだが、言葉としていささか生硬さが残るのが気になっていた。しかし、わが国でも土地と精神性との関係を意識する伝統は古来あって、「英雄の出づるところ地勢よし」とか「人傑地霊」という言葉も存在するところから、ゲニウス・ロキを「地霊」と訳すことにしたのである。

だが、地霊《ゲニウス・ロキ》という概念が注目されたのは英国の十八世紀である。この当時の美意識ではピクチュアレスクという観念が重要な役割を果したことが知られているが、そのピクチュアレスクの美学のなかで地霊《ゲニウス・ロキ》という視点もまた、造型の出発点を与える言葉として用いられたのである。

一七三一年にアレグザンダー・ポープが著した『バーリントン卿への書簡』という詩の

なかで、地霊《ゲニウス・ロキ》の概念は土地を読み解くすべての鍵とされ、それ以降一挙に広まった。

この際注意しておくべきことは、地霊《ゲニウス・ロキ》という言葉のなかに含まれるのは、単なる土地の物理的な形状に由来する可能性だけではなく、その土地のもつ文化的・歴史的・社会的な背景と性格を読み解く要素もまた含まれているということである。そうした全体的な視野をもつことが、地霊《ゲニウス・ロキ》に対して目を開くということなのである。

地霊《ゲニウス・ロキ》という概念は、確かに十八世紀的なものであるが、現代建築家たちのなかにもこの概念によって自己の方法を語ろうとする傾向が見えているし、そもそも地霊《ゲニウス・ロキ》というものは、目に見えない潜在的構造を解読しようとする先鋭的な概念なのである。それは、土地を一つのテクストと見る考え方だと言ってよいのかもしれない。

こうして、私は東京の近代を読み解くための方法のひとつを手に入れた。

1 港区六本木

民活第一号の土地にまつわる薄幸

——時代に翻弄された皇女の影を引きずる林野庁宿舎跡地

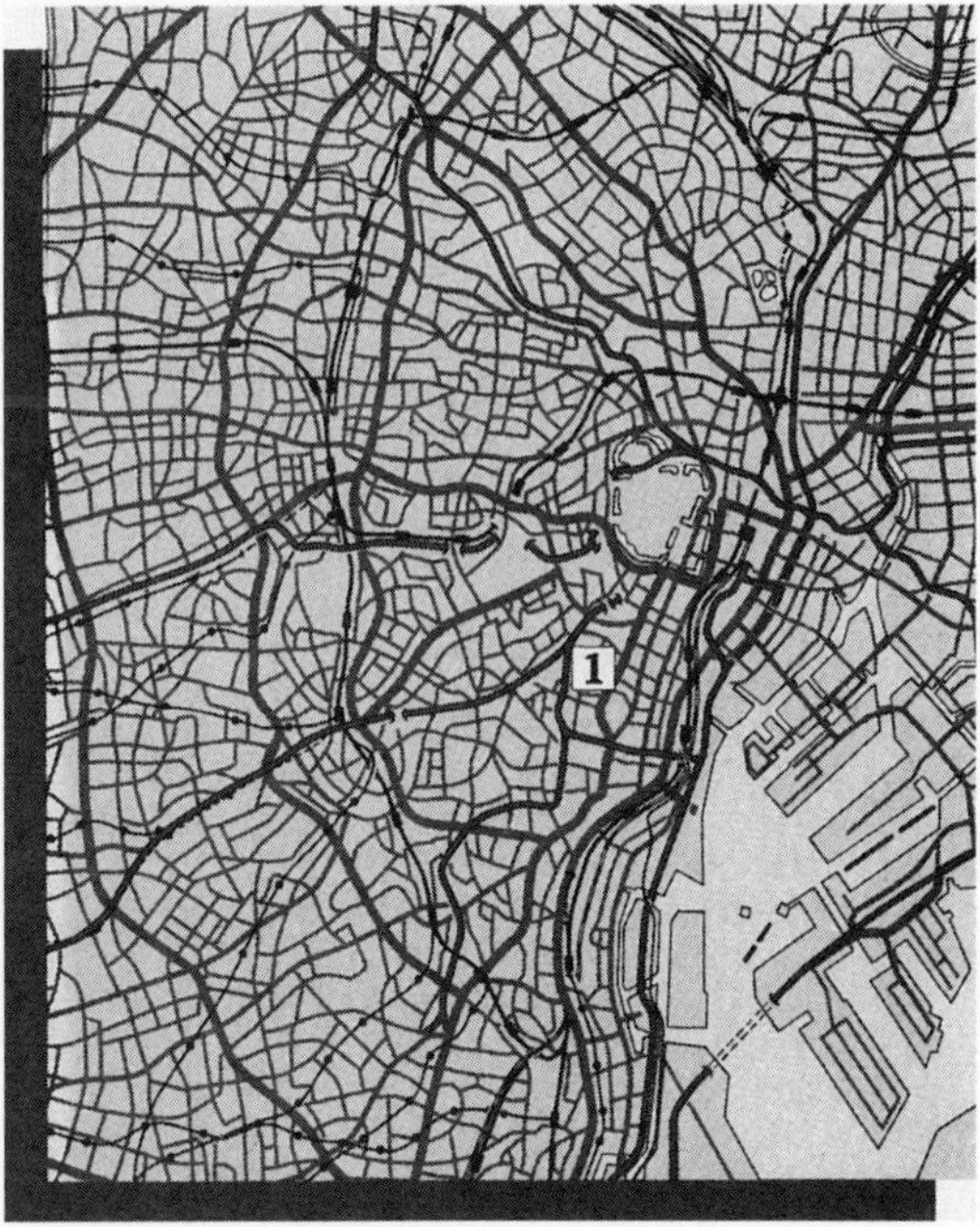

なぜか印象に残る土地

すこし前のことになってしまったが、東京都港区六本木一丁目の林野庁宿舎の敷地一万二〇〇〇平方メートル強が、民間活力の導入政策のひとつとして森ビルグループなどに払下げられた。

中曾根政権時代の民活路線のスタートを画し、その後の東京の地価狂乱の静かなる幕あけをも画す出来事であった。この土地は林野庁の土地であるから、無論国有地なのだが、国有地の払下げという政策のなかで、何故この土地が最初に売られることになったのかと、私には不思議に感じられた。そこで少しこの場所を調べてみようと思いたった。

それは、東京という町が姿をかえてゆく現場を、自分の目でたしかめてみたいという衝動だったのかもしれない。都市の歴史を、肌で知る絶好の機会のように思われたのである。

林野庁の宿舎のあたりは、かつて歩いたことがあった。ホテルオークラの本館から別館の入口の方に向い、そのまま別館を通りすぎてどんどん進んでゆくと、道が行き止まりになってしまうかと思われる、ちょうどそのあたりの左手に、この土地が開けている。

ほんとうは、自動車の通る道はその行き止まりと思われる場所の少し手前で右手に折れて狸穴《まみあな》の交差点に出る大通りに通じており、一見行き止まりかと思われる辺りも、歩いてなら通れる小径が左手に曲ってつづいていた。しかしいずれにせよ、この一画は土地の起伏も大きくて、ちょっと都心とは思えないような場所だった。

はじめてここを通ったのは十数年前の夏だった。今では都心で見ることなどほとんどなくなってしまった雑草の生い茂る空地がコンクリートの宿舎の前に広がっていて、空地を埋め尽している雑草の勢いのよさに驚かされたものだった。だから、林野庁宿舎の敷地払下げの話をきいたときに、「ああ、あの場所のことだな」と、すぐにイメージが湧いた。

都市の変貌、都市の変化などと言われても、どこの場所の話なのかイメージできる時とできない時では、ずいぶんその話に対する印象がちがってくる。だからなるべく方々を歩きまわって、実際の土地を見るように努力してきたのだが、それまで見て来た都内のさまざまな風景のなかで、林野庁宿舎の土地は、なぜか印象に残る土地だった。

街を歩くのは本を読むのに似た楽しさを与えてくれるものだ。国木田独歩の『武蔵野』や永井荷風の『日和下駄《ひよりげた》』などのように、そうして訪れた都市の光景を美しい文学に定着してみせた人々もいる。最近では『東京徘徊』(少年社刊)という本を著した冨田均という人もその一人である。彼らはひたすら東京を歩きまわり、歩きまわったことだけを記すことによって東京を描いている。

私がこれからしようとすることも、似たようなものである。ただし、場所も少なく、その地域もかたよっている。そのかわり、私は空間的に都市を歩きまわるのと同時に、せまい場所にこだわって、時間的にもその場所を動きまわってみたいのだ。その結果、東京と

文久2年、南部遠江守邸時代
（区立みなと図書館『近代沿革図集』より）

いう都市を、ミクロなポリティックス、小さな物語として、いままでとは少しだけ違ったかたちでつかむことができれば有難いと思う。

悲劇の女主人

さて、件《くだん》の港区六本木一丁目の林野庁宿舎の土地は、なぜ払下げられることになったのか。

戦前はこのあたりを麻布市兵衛町といったが、江戸時代には武家地で、幕末には岩手盛岡の南部遠江守《とおとうみのかみ》の屋敷があった。明治維新のときには、南部栄信《ひでのぶ》がその地所、屋敷の地主であった。しかしながら明治維新とともに、ここは皇族賜邸《してい》地というものになった。つまり宮様のお屋敷用地に指定されたのである。

明治政府は維新後還俗したりなどして急に数のふえた宮家を東京に移住させ、皇室の藩《はん》屏《ぺい》としての任を固めさせることとした。そのために、各宮家に対して三〇〇〇坪（約九九〇〇平方メートル）の面積を標準として邸地を下賜することを決めたのである。

明治四年十二月十五日、多くの宮家に対して邸地が与えられたなかで、麻布市兵衛町一丁目一一番地南部栄信邸は地所建物とも三千五百円程度で静寛院宮《せいかんいんのみや》邸地となった。このときの地所の広さは四四五四坪である。やがて明治七年五月十四日、宮家は隣地の仙石政固《まさかた》（元但馬出石藩）私有地の一部を購入し、邸地に合併した。このとき入手した地所は二六〇坪、価格は四百十七円余であった。かくしてこの土地は皇族邸の建つ場所となったのである。

明治9年、静寛院宮邸時代

（区立みなと図書館『近代沿革図集』より）

ところで静寛院宮とは誰か。

静寛院宮といってもよく解らないかもしれないが、皇女和宮のことだといえば、すぐにイメージが湧くにちがいない。和宮は仁孝天皇の皇女で明治天皇の一代前の孝明天皇の妹宮である。幕末の公武合体政策のもと、彼女は有栖川宮熾仁《ありすがわのみやたるひと》と婚約していたにもかかわらず、徳川家に降嫁することとなって将軍徳川家茂《いえもち》の夫人となった。文久二（一八六二）年のことである。

和宮の生涯のハイライトは、宮家から将軍家への降嫁という「悲劇」が高まってゆくこの時まででであったかもしれない。夫となった将軍家茂は四年後の慶応二（一八六六）年に病歿し、結婚生活わずか四年で和宮は未亡人となる。そしてこの時代の常として、仏門に入って静寛院宮となるのである。

そして追いかけるように明治維新がやってくる。皇室から徳川家に嫁したものの、夫たる将軍を喪《うしな》い、いままた徳川将軍家そのものが滅亡するという変転に会った静寛院宮は、明治二年一月十八日、故郷の京都へと戻ってゆく。しかしながら、彼女が戻っていったその京都から天皇は入れ替りに東京へ移ってしまい、ふたたび彼女は今度は京都にとり残されてしまうのである。

明治七年七月八日、またしても彼女は東京に戻る。そしてはじめて、あの麻布市兵衛町の皇族賜邸地に入る。邸地に隣り合った仙石政固邸地が彼女の再度の上京の直前に買い足されているのは、改めて東京にやってくる女主人を迎え入れるための最終的準備の一環であったのだろう。

静寛院宮は、はじめて落ちついた生活をこの土地で過すことになるはずであった。高台の宏壮な土地は東京屈指の邸宅地向きの地相を備えていたし、華頂宮《かちょうのみや》家が浜町に与えられた賜邸地を嫌って「高燥ノ場所ニ換地」を求めて三田台町に移ったようなゴタゴタもおきなかった。

しかしながら静寛院宮の静かなるべき余生は、あまりに短い期間でその終りを告げてしまう。麻布市兵衛町に住むことわずかに三年、明治十年九月二日、宮は静養先の箱根で短い生涯を閉じてしまうのである。幕末から維新への激動に翻弄されつづけたような静寛院宮の生涯は、新しい世の中が落ちつこうとしたまさにそのときに、早すぎる終りを迎えてしまったのであった。彼女の墓が、夫の眠る芝増上寺

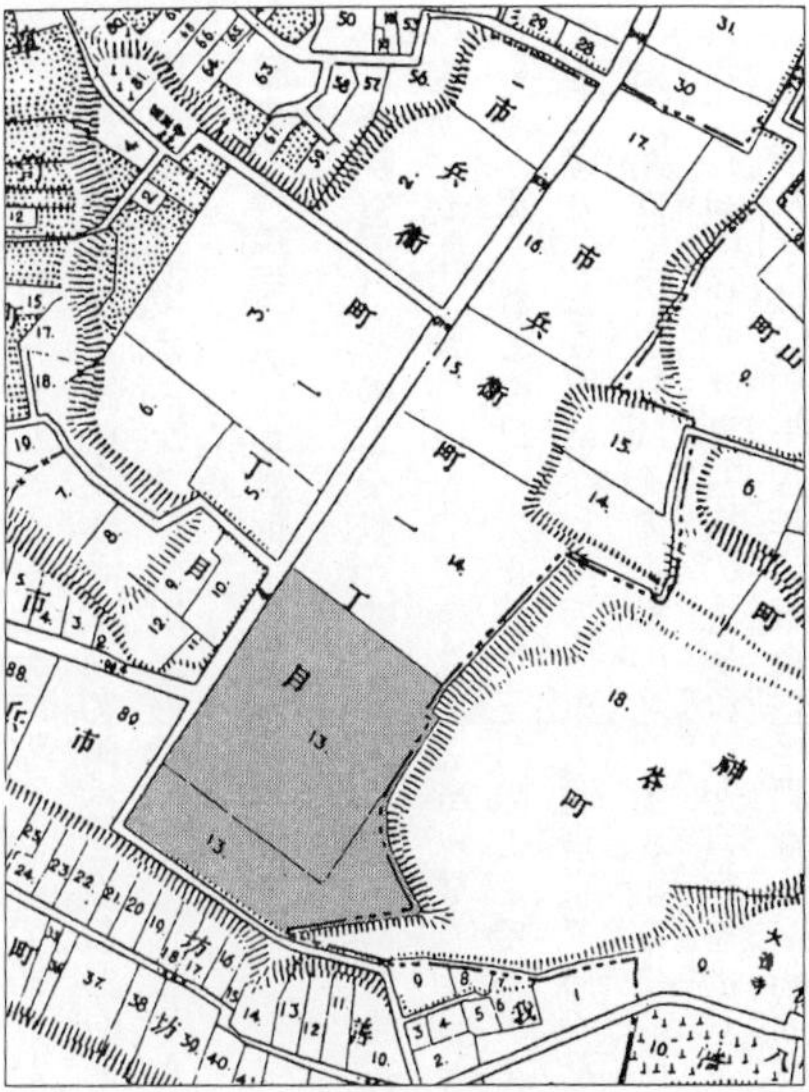

明治20年、ポスト静寛院宮邸時代
(区立みなと図書館『近代沿革図集』より)

に、並んで設けられたことがせめてもの幸せであったかもしれない。

江戸の町が徳川家の町から天皇の町へと変貌した時代に、彼女は皇族から降嫁し、宮家に戻って、最後はふたたび徳川家の妻として永眠したのである。

歴史の転換点での人身御供

静寛院宮邸はその主を失ってもなお、皇族賜邸地のまま、時代を過す。明治の末にはこの場所に梨本宮《なしもとのみや》が住んだこともあったが、あまり長くはつづかなかった。やがてここに新しい主が現われるのは、大正三年三月のことであった。麻布御殿と俗称されたというこの土地に移り住むことになったのは東久邇宮家《ひがしくにのみや》であった。

東久邇宮家、これはこの宮家の名が示すように、久邇宮家からの支流である。明治三十九年十一月三日、久邇宮家の九男稔彦《なるひこ》が宮家を興して東久邇宮家を名のった。彼は陸軍に入り、やがては昭和十四年陸軍大将に累進し、防衛総司令官、軍事参議官などを歴任する。しかしながらわれわれにとってこの東久邇宮稔彦の名が親しいのは、昭和二十年、彼が終戦直後の内閣総理大臣となって東久邇宮内閣を組織し、終戦処理に当ったことによる。

とはいえ、東久邇宮内閣は終戦の翌々日、昭和二十年八月十七日に発足して、その年の十月五日まで、わずかに五十日間存続しただけであった。文字通りの終戦処理内閣、もっとはっきり言えば敗戦処理内閣であった。

この東久邇宮家が本邸とした場所こそ、もとの静寛院宮家の邸地であった。東久邇稔彦が宮家を興した理由のひとつに、彼が明治天皇の第九皇女聡子《としこ》と結婚することになったという事実がある。ちなみに稔彦の兄鳩彦《やすひこ》も第八皇女と結婚して朝香宮《あさかのみや》家を興している。朝香宮家は芝白金に邸宅を構え、現在は東京都庭園美術館となっているアール・デコ様式の館を建てた。

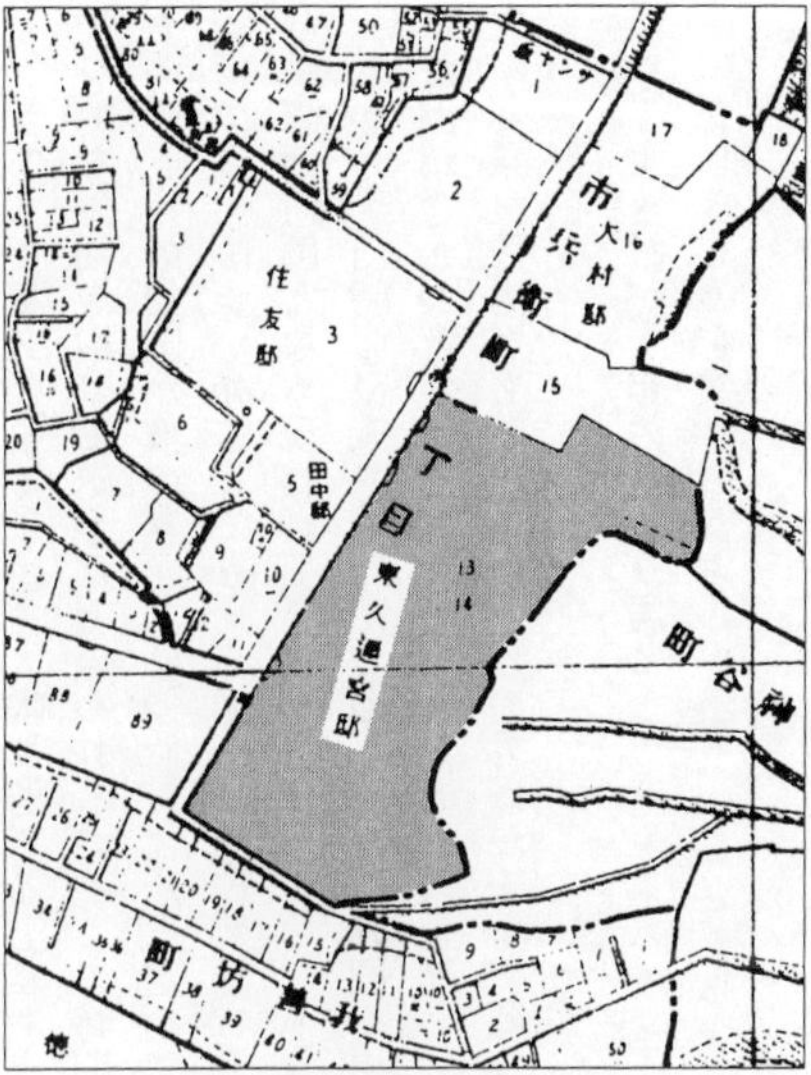

大正3年、東久邇宮邸時代
（区立みなと図書館『近代沿革図集』より）

それに対して東久邇宮家はどうであったか。明治天皇第九皇女との結婚後、二児を儲けた彼は大正九年四月十八日、単身フランス陸軍大学留学のために旅立つ。男子皇族はほとんど例外なく軍人となり、そのために生涯の一時期留学するのが当時の通例であった。彼がフランスへ旅立った翌月、三男が生まれた。

フランスで東久邇宮は予定を大幅に過ぎる七年間を過した。遅れた青春を楽しむボヘミアン的な生活をパリで送ったといわれるのがこの時期である。七年目にようやく帰国したものの、その帰国が彼の本意であったか否かは定かではない。途中、大正十二年の関東大震災で次男師正《もろまさ》が死去しても帰らず、日本の新聞でも東久邇宮の長期在外生活をいぶかしむ記事が何度となく現われていたからである。

しかし、当時の皇族や華族たちのなかに、外国へ出かけたきり予定を過ぎても帰らなかった例がなかったわけではない。たとえば大正期の閨秀《けいしゅう》歌人として名高い九条武子夫人の夫、九条良致《よしむね》男爵も、三年の予定の外遊が十年に延びてなお、帰国の知らせがなかった。

幸《さち》うすきわが十年のひとり居に
　恋しきものを父とし答ふ

この九条武子の歌には、そうした境涯にあった妻の哀しみがそのままに表われている。そしてこの心境は、おそらくは東久邇宮稔彦夫人聡子のものでもあったであろう。

ようやく東久邇宮稔彦が七年ぶりに横浜港に戻ったのは、昭和二年一月二十九日のことであった。「父帰る」といった人生の終りの帰朝ではなく、翌月二月七日に大正天皇の大喪がとり行なわれることによる、不承不承の帰国であったようだ。

麻布市兵衛町の本邸に落ちついた東久邇宮は、その後、戦中から戦後に至る波瀾に富んだ生涯をここで迎える。

終戦直後、昭和二十年八月十七日から十月五日までを首相として終戦処理の任に当った彼は、その政治的手腕を買われて国家存亡の危機に対処したというよりも、国家存亡の秋《とき》に当って、天皇を護るために皇族のひとりが政治の矢面に立たざるを得ないところで、引っぱり出されたといった方がよいであろう。

わが国の危機としては明治維新とならぶこの終戦時に、宮家のひとりであるということに最大の意味を認められてかつぎ出される、これは維新期の皇女和宮の立場に何とよく似ていることだろう。家柄に最大のメリットを認められて、本人の意思とはほとんど無関係に、一種の人身御供として歴史の表面に現われざるを得なかったという意味で、東久邇宮は静寛院宮すなわち皇女和宮の、まさしく正統な後継者であった。

だが、東久邇宮邸は、宮が首相として世間に出ざるを得なくなる直前、昭和二十年四月に空襲によって焼失してしまっていた。

流浪の宮家

皇女和宮の、つまり静寛院宮の邸地であり、東久邇宮の邸地であった土地の流転の物語をたどるためには、終戦時の東久邇宮邸に話を向けなければならない。

麻布市兵衛町の本邸を焼け出された東久邇宮は、港区高輪南町一七番地の御用邸に移り住んだ。ここは宮家の邸宅が集まっていた場所で、北白川宮邸、竹田宮《たけだのみや》邸が隣りあっていた。現在の場所でいうならば、東久邇宮邸となっていたところは品川駅前のホテルパシフィック東京の建つ土地であり、北白川宮邸と竹田宮邸の場所は高輪プリンスホテルの建つ土地である。

このような場所にひとまず戦後の邸地を構えた東久邇宮であったが、さて麻布市兵衛町の旧邸地はどうなっていたのか。東久邇宮はこの土地は自分の邸地だと考えていたのだが、実は昭和二十三年に林野庁の施設が建てられてしまったのである。猪瀬直樹著『ミカドの肖像』(小学館刊)に、このときの様子を伝える新聞記事が引かれているので、それを見てみよう。

「東久邇氏が明治天皇から贈られたという九千八百坪の宏大な土地と建物などがいつの間にか国の財産となり、果ては農林省林野庁に使用されていると、このほど東久邇氏から国の代理人殖田《うえだ》(俊吉)法務総裁を相手取って所有権確認、建物収去を申立てた訴訟が東京地裁に提起(略)訴状によると東久邇氏が明治天皇第九女の聰子夫人と婚約の際に明治天皇から港区麻布市兵衛町一の四の宅地九千八百坪と建物二十二むねを贈られ、大正三年からずっとここに居住していたところ昭和二十年四月の空襲で焼失したので同区芝高輪南町一七に移転したという。すると三年後の二十三年七月末になってその焼跡に農林省林野局（後の庁）の庁舎が建築されてしまったので驚いた同氏が早速調査してみると、この土地は同氏が知らぬ間に元宮内府（後の庁）林野局宮附事務官本原耕三郎氏から国へ返納するという通知が宮内府監理課に提出され、国有財産として大蔵省に移され、その後は同省と農林省の間で話合いが進められ林野局が建築されたいきさつが判ったという」（毎日新聞、昭和二十四年九月二十一日付）

東久邇宮は大正三年からここに住みつづけたと主張したのだったが、すでに見たように大正九年から昭和二年までは日本を留守にしていたし、戦後皇籍を離脱してからも「禅宗ひがしくに教」教祖となるなど、話題の多いことでも知られていた。

結局この訴訟は途中で取り下げられ、麻布市兵衛町の旧邸地は国有地たることが確定した。もっとも東久邇宮は邸地取得を断念したわけではなく、昭和三十七年に今度は高輪の「御用邸」についての「所有権確認ならびに所有権移転登記請求」をおこしている。しかしながらこちらの土地も国有地であるとされ、後に民間に払下げられてホテルパシフィック東京となるのである。

なぜ林野庁の土地となったか

麻布市兵衛町の旧東久邇宮邸地が国有地となる際、林野庁の施設に用いられることになった理由をここで少し考えてみよう。現在は農林水産省の部局となっている林野庁の源流はふたつある。

そのひとつは戦前の農商務省山林局であり、他のひとつは宮内省の帝室林野局である。これ以外にも北海道の国有林は内務省の所管にあって拓殖行政の一環として経営され、また朝鮮、台湾、樺太など内地以外の国有林は拓務省が所管していたのだが、こうした点についてまでここで考える必要はない。

農商務省山林局は、明治十二年五月に内務省に山林局が設置されたのにはじまるのだが、明治十四年には農商務省に移管され、戦前の国有林管理の中枢となってきた。

それに対して宮内省帝室林野局は、明治十八年十二月の御料局の設置にはじまるといわれる。これは皇室財産の基礎確立のための部署であった。当時御料地は二万二千余町歩にすぎなかったが、明治十九年から二十三年までの間に内地官有林一六〇万町歩、北海道の官有林二〇一万町歩が編入され、皇室財産中最大のものとなった。

御料局は明治四十一年一月、宮内省組織の改正の際、帝室林野管理局と改称され、宮内省の外局となり、さらに大正十三年四月、帝室林野局と改められた。この御料林は旧憲法の下で法体系をまったく別にし、皇室自治の原則の下に経営されてきたという（真貝龍太郎編『林政統一十年の歩み』）。

　農商務省山林局は戦時下に農林省山林局となったが、経済官庁の中枢たるにふさわしい地位を占めていた。この山林局と帝室林野局が合同して農林省の外局である林野局として発足するのが昭和二十二年四月一日のことである。翌五月の一日には、ここに内務省所管であった北海道国有林も編入され、林野行政は統一される。さらに昭和二十四年六月一日には、林野局は林野庁に昇格し、現在に至ることになる。

昭和51年、林野庁宿舎時代

（区立みなと図書館『近代沿革図集』より）

　当時、占領軍（ＧＨＱ）は皇室財産の調査を指令し、昭和二十年十一月十八日には皇室財産の凍結令が出されていた。同時にそのころ、臨時財産税徴収法が制定されて、皇室も財産税を納めなければならないのではないかという情勢になってきた。ところがそうこうする間に、新憲法では皇室財産は全部国に属するということになってしまった。

こうした経緯のなかで、皇室財産の大部分を占める御料林を管理する旧帝室林野局、後の農林省林野庁に、麻布市兵衛町の旧皇族賜邸地も編入されることになっていったのである。国家の変転そのままに、この土地は国有地となったのである。

戦前、農商務省の山林局といえば極めて有力な官庁であったし、宮内省の帝室林野局も御料林を扱う不可侵の権限をもっていた。最優良の檜材を産出する木曾の御料林の木材を流用したのではないかと、宮内大臣もつとめた田中光顕の目白の新邸を巡る疑惑が戦前の新聞をにぎわしたのも、御料林の不可侵性を人々が信じておればこそであった。

しかしながら現在の日本の山林は、その危機が叫ばれて久しい。これも一種の、というよりも極めて重要な国土行政の一面なのだが、木材自由化の圧力のある一方で日本の山林が弱まって林野庁もまたその力を弱め、都内にもつ用地の払下げに至ったのが今回のできごとなのである。だからこの麻布市兵衛町の土地には、日本の国土行政のふたつの面、地方の過疎化する山林地域の弱体化と、東京の地価高騰を生む無策ぶりとが、ふたつながらにその姿を現わしている。

江戸と東京をつなぐ細道は

考えてみれば、この土地は明治維新以来、どことなく影の薄い、漂泊の歴史をたどってきたように思われてくる。静寛院宮、東久邇宮、そして日本の山林は、歴史の重要なひとこまでありながらも、政争のはざまを生き残るには何かもうひとつ、力が欠けていたと感じられる存在だ。そうした人々の歴史がもとの麻布市兵衛町、いまの港区六本木一丁目の土地には降り積む雪のように覆いかぶさっている。

国有地の払下げは、こうした薄幸の土地を狙い撃ちにしてくる。土地の歴史、土地の変遷をたどると、どのような土地にも小説以上の興味津々たる物語が隠されているのだが、そうした小さな土地の物語のなかにこそ、都市の真実が含まれているのではないか。

そのような目でみると、現在の東京の土地が、維新以来のもっとも大きな変動に見舞われていることに気づく。ちょうどそれは、実家の犠牲になって身売りを余儀なくされている娘のように哀れである。しかも、実家の親たる国家は、娘を経済効率だけで値踏みをしているように見えてしまう。

土地を、身売りする娘にたとえるのは不謹慎だといわれるかもしれない。しかし実際には幸せな土地、薄幸な土地、売れる土地、売れない土地というのはあるものである。その奥にひそむものを私は地霊《ゲニウス・ロキ》だと考えたいのである。

もとの麻布市兵衛町、いまの港区六本木一丁目のあたりは大使館も多く、大区画の土地が並んでいる台地で、一方に下れば赤坂のアークヒルズや六本木の盛り場が近く、反対側へ下りれば神谷町や愛宕山《あたごやま》の方に通ずる土地である。

この林野庁の施設のすぐそば、ホテルオークラ別館の方からやってくる道が突き当りかと思われるところまでゆく手前の左側に建つ麻布グリーン会館という建物のわきをすり抜けるようにして回り込んでゆくと、敷地の突き当りかと思われた辺りが、やはり忽然と開けて、細い通い路が神谷町の地下鉄駅の方に通じているのを見出す。敷地と敷地のあいだのすきまのような抜け道だが、両側には江戸の昔からかと思われる木々がしげり、舗装も完全にはなされていない路面は、雨の日には足元がおぼつかなくなるほどである。

六本木一丁目から神谷町駅へ抜ける私道とおぼしきこの道は、皇女和宮が明治の御代になってから、ひっそりとおしのびで使われたこともあるかもしれないと考えれば、この森かげは江戸と東京をつなぐ細道のようにも見えてくる。そこに漂うものこそ、この土地をいまだにさすらう、静寛院宮にまつわる地霊なのである。

だが、いまこの小径の片側は、別の大きな再開発によって無残にえぐり取られてしまった。かつての小暗い小径はすでにない。静寛院宮の時代の面影は、一九八〇年代末に最終的に消滅してしまった。

私はその最後の姿を見ることができたことだけをもって、ひそかな慰めとしている。

2 千代田区紀尾井町

「暗殺の土地」が辿った百年の道のり

——怨霊鎮魂のため袋地となった司法研修所跡地の変遷

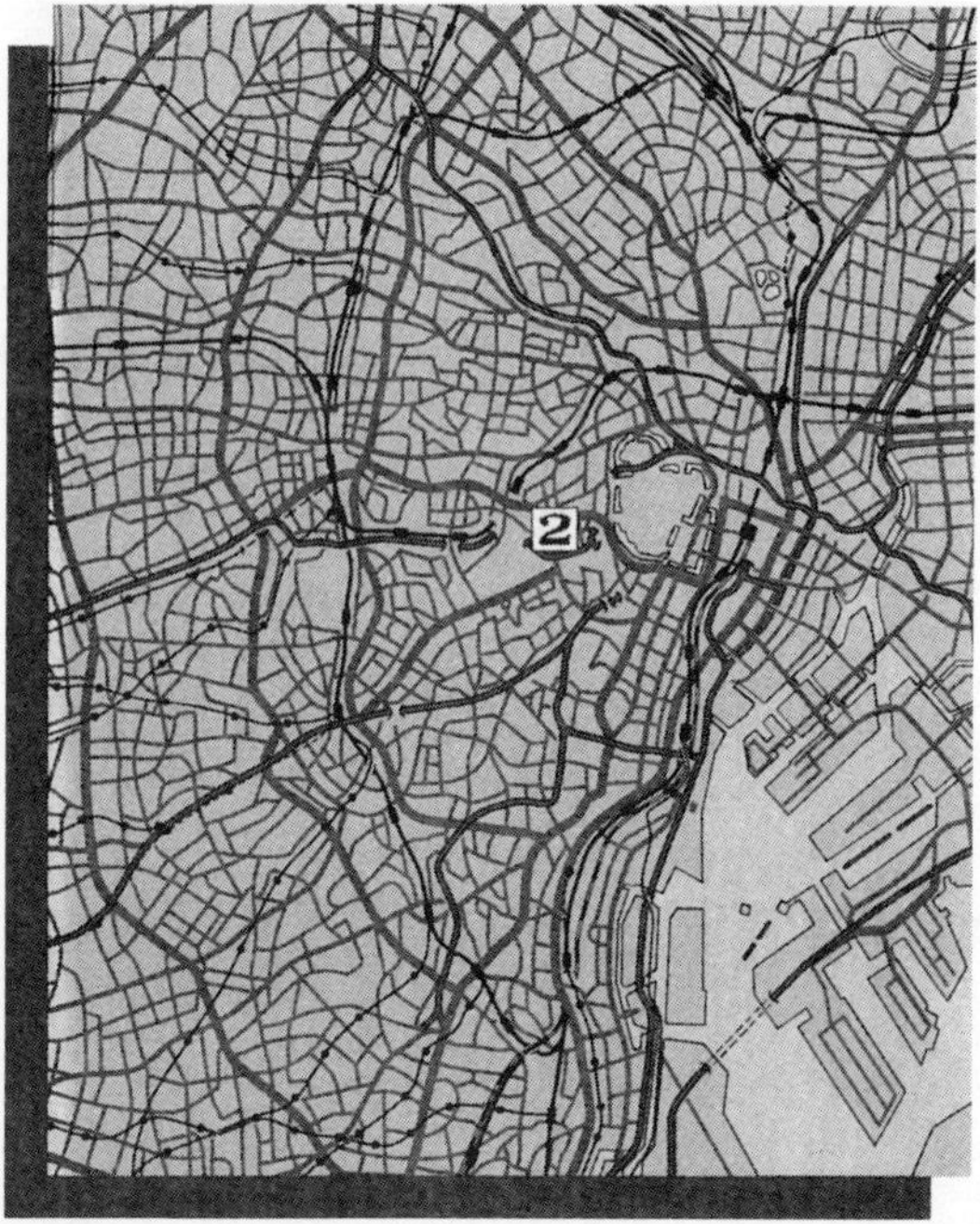

江戸気質の戦い

明治維新は大政奉還という政権交替を、最小の混乱でくいとめた革命であったといわれる。西郷隆盛と勝海舟の会談で江戸の開城が決定され、首府は京都から東京へとさしたる混乱もなく変更された。

官軍は無傷の江戸を必要とし、徳川慶喜もまた恭順の意を表し、町民はもとより戦乱を好まなかった。それにまた、江戸を舞台にしての全面的内乱となれば、外国勢力の本格的介入は必至であった。幕臣の意地を見せた彰義隊は大村益次郎の戦略に押されて、江戸の町への入口というよりは出口というべき上野の寛永寺にたてこもることになった。

実力においては官軍を上回っていたといわれる幕府の海軍も、榎本武揚の指揮下、江戸を脱出して北にむかい箱館五稜郭を自らの死守の地とした。

彼らはみな、暗黙のうちに江戸を無血で明け渡すこと、しかる後に自分たちの意地の見せ所を求めること、という、いかにも江戸気質の戦いのしかたを選んでいる。

江戸という将軍のお膝元で大戦争を起し、市中を焼け野原にする気は、幕府側の武士たちにはなかったようなのである。こうして江戸というおおきな容器は、官軍の支配下に入り、やがて東京へと変貌してゆく。

けれどもこうした明治維新の歴史が無血革命の歴史であったかというと、とてもそうはいえない。戊辰《ぼしん》戦争の長い戦闘は鳥羽伏見にはじまり、長岡で、会津で、そして五稜郭で激しい攻防をくりひろげたし、その前史たる長州征伐から勘定すれば、維新への道は決して平坦な一本道ではなかった。

多くの人材がその過程で失われていった。あっという間に殺された人々のなんと多いことか。維新後になって、かつての志士たちはしばしば、「何某がもし生きておれば……」、「何某を失ったのは今にして思えば極めて無念」などと語り合っている。

そうした意識が、維新後の分け前は流した血の多寡《たか》によるという、藩閥政治の底流をなす殺伐たる実力主義をなしてゆく。

近代国家の冷徹な設計者

確かに死んだ者はおおかった。安政六（一八五九）年には吉田松陰、橋本左内、頼三樹《らいみき》三郎《さぶろう》らが刑死、文久二（一八六二）年には寺田屋騒動によって有馬新七らが暗殺され、慶応元（一八六五）年には武市《たけち》瑞山《ずいざん》が刑死、慶応三年には坂本竜馬、中岡慎太郎が暗殺されている。幕府方でも万延元（一八六〇）年の桜田門外の変で大老井伊直弼が横死、文久二年には坂下門外の変で老中安藤信正が重傷を負う。新選組の近藤勇も土方《ひじかた》歳三も維新時にその命を失っている。

これ以外にも、数え切れない人々が刑死したり暗殺されたりして、歴史の舞台から消え去っている。

しかも、こうした暗殺、刑死の波は、維新が成った後にも決して収まったわけではなかった。明治十年代までは、暗殺あるいは反乱による刑死によってその人生を閉じた人々が絶えることはなかった。

維新時の最大の軍師といわれた大村益次郎は明治二年暗殺者に襲われ、それがもとで年末に亡くなっている。おなじ年に横井小楠《しょうなん》が暗殺され、明治四年には参議であった広沢真《さね》臣《おみ》が暗殺され、こちらはついに迷宮入りで犯人は解らないままにおわった。

しかしながらようやくこの頃から暗殺は少なくなるかに見えたが、実はそうではなかった。維新が終ってみれば藩という存在は廃藩置県によって消えてなくなってしまい、士族という名に改変された武士たちは、気づいたときには旧来の特権をみな失ってしまっていた。不平士族たちの反乱がこうして起きてくるのである。

明治七年の佐賀の乱によって、薩長土肥といわれたうちの肥前の代表者であった参議、司法卿を歴任した江藤新平が刑死、明治九年には萩の乱の首謀者前原一誠が刑死して長州の不平士族も反乱者として処刑される。そしてそのクライマックスをなすのが、いうまでもなく明治十年の西南戦争である。維新の最大功労者のひとり西郷隆盛がここに自刃して、大規模な反乱はようやく終りをつげる。

維新から西南戦争までの十年間は、草莽《そうもう》の志士たちが新制度の国家のなかに組み入れられていった時代であり、そうなれなかった志士たちが斃《たお》れていった時代であった。

その時代の流れを確実に、緻密に組み立てていったといわれるのが大久保利通である。西郷と並ぶ薩摩の大立者でありながら、この二人ほどに対照的な人物はないといわれる。西郷が情と義に厚く身を処していったとするならば、大久保はあくまでも冷徹に理をもとめたといえるかもしれない。内務省を作り上げ、内務卿におさまった大久保は、西郷のとなえる征韓論に対して内治派の中心としてそれに対処し、結局不平派を野に下らせ、ひとつひとつ彼らを分断しながら平定していってしまった。この時期の内務卿は内閣制度が発足してからの首相以上に権力を集中したポストだった。

しかも大久保には大きなスキャンダルがなかった。おなじ維新の功臣でありながら、長州閥に属する井上馨や山県有朋が、尾去沢鉱山を巡る疑獄事件や、山城屋事件といわれる陸軍の官費横領事件によって身辺を危うくしたような危機は、大久保の身辺にはおこらなかったし、盛大に女遊びをして世の人々の反感を買うといったことも彼にはなかった。大久保利通こそ、近代国家日本をつくるというしごとに自らを没入させた人物だった。

それだけに彼の人物像にはかわい気がない。あくまで冷徹であり、けっして自分を失うことのない政治家のすがたがそこにはある。国家に貢献した点では西郷に勝るとも劣らない彼が、郷里鹿児島においても、そして日本全体においても、まったくくらべものにならぬくらい地味な存在におわっているのも、そんなところに理由がある。彼が自らの本拠とした内務省は、警察権力を握っていた。いつの世にあっても警察は不人気である。表に出ることなく国家をまもり、反乱や革命分子を未然に摘発する警察には、暗い冷たさがつきまとう。

「桑茶令」と大久保暗殺

その大久保利通が暗殺史上のひとつの節目をなす凶刃にかかって斃れるのだから、歴史は複雑である。

大久保利通は明治十一年五月十四日八時すぎ、自邸を出て赤坂仮御所にむかう途上、島田一良をはじめとする石川県士族六名によって暗殺された。関係ないことなのだが、何十年か後のこの日は私の誕生日なので、印象に残っている。

それはさておき、この暗殺のまさに直前、彼は自邸を訪れた福島県令山吉盛典にむかって、維新以来の長期計画の抱負を語っている。そのためには「三十年ヲ期スルノ素志ナリ」といって、明治元年から十年刻みに三期を想定し、最初の十年は「兵事多クシテ則《すなわち》創業時間ナリ」とし、つぎの十年はもっとも重要な第二期で「内治ヲ整ヒ民産ヲ殖スル」時期だと語った。この第二期のリーダーとして国家建設の責務に当る者こそ大久保本人であるはずであった。第三期はそれに続く完成期であり、次代へのバトンタッチの時期である。

しかしながらこの抱負を語って数十分の後、彼は紀尾井町の小路を進行中の馬車上に襲われ、絶命するのである。

明治十一年五月のこの暗殺こそ、実は彼の語った第一期、兵事多くして動乱のいまだ静まらぬ時期の最後を画するできごととなったのであった。

大久保利通の暗殺や彼の生活空間については、遠矢浩規著『利通暗殺』（行人社刊）や佐々木克著『志士と官僚』（ミネルヴァ書房刊）など、興味深い研究が最近まとめられている。

それによれば、大久保利通の暗殺された場所は千代田区紀尾井町、現在のホテルニューオータニ新館と、赤坂プリンスホテルの新館との間の路上であるといわれる。

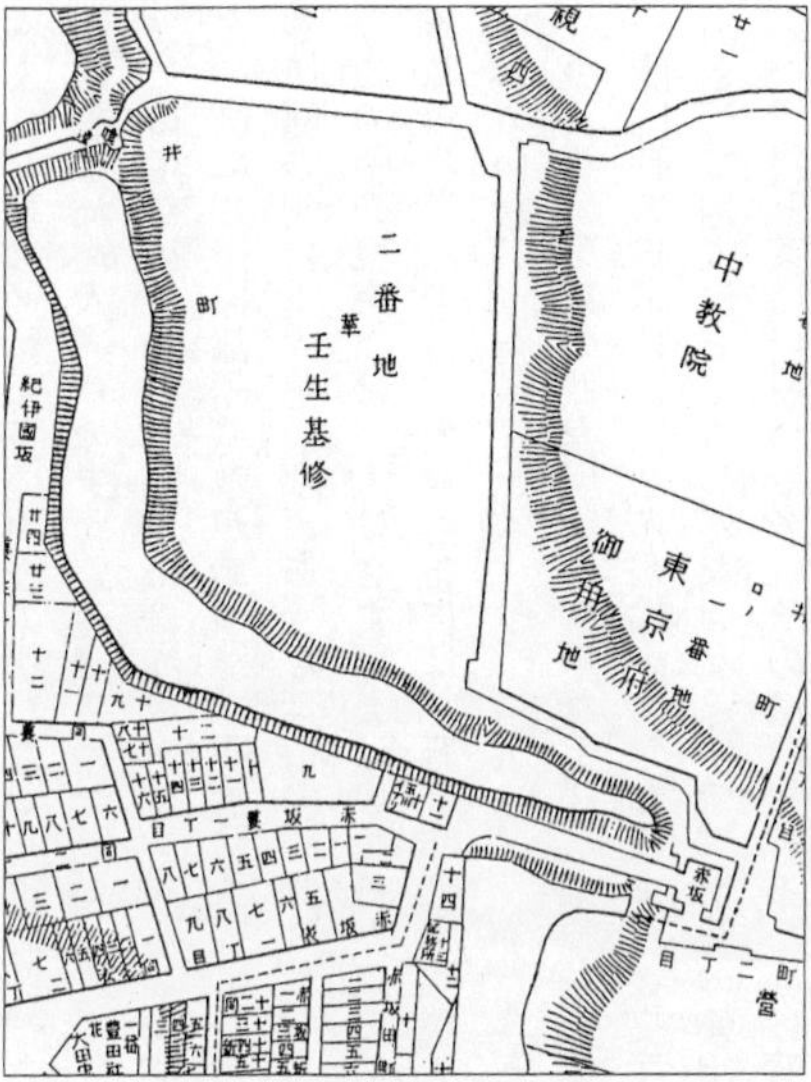

明治9年当時の紀尾井町付近
（『東京市史稿』付図『明治東京全図』より）

ふたつのホテルの間には

さまれ、車の通行も多い現在のすがたからは想像できないが、当時はここは土手と草むらにはさまれた人通りの少ない道であった。

この道をはさんで、幕末には赤坂プリンスホテル側に紀州徳川屋敷、ホテルニューオータニ側に井伊掃部頭《かもんのかみ》屋敷があった。明治に入ってからは、紀州徳川屋敷側に北白川宮邸、井伊邸の側に壬生《みぶ》基修《もとおさ》邸があった。道の両側は草むらや桑畑あるいは茶畑となっていた。

この頃の東京には、大げさにいえばいたるところに桑畑や茶畑が見られたのである。明治二年八月二十日、太政官布告は「府下邸宅上収地ヲ拓開シテ、桑田茶圃ト為サシム」といっていた。

つまり、東京の武家屋敷の庭地などに、桑や茶を植えようというのである。

開国時の日本にはほとんど輸出にかなうような物産がなかった。このままでは金銀を流出させて輸入にあてるしかない。そこで、当時の輸出品としては唯一のものというべき絹糸絹織物と茶に目をつけて、その増産を計るために遊休地ともいうべき武家たちの旧庭園を桑畑と茶畑に転換することにしたのである。

後に「桑茶令」といわれるこの布告は、東京を農地にするという逆向きの発想であったため、程なく中止のやむなきにいたるが、この事業のために町人たちに武家地の開発許可を与えたことで、土地の所有が大きく変る原因をなすものであった。

大久保利通はそのような典型的な明治初期の東京の風景のなかで殺されたのである。

大久保利通暗殺の正確な場所は、本当ははっきりしていないともいわれるが、私は遠矢氏の『利通暗殺』の示す場所にはかなりの説得力があるように思う。それは、この通りを歩いてみればよく解る。

赤坂見附から弁慶橋（この橋は後から架けられたもので、しかもいまは形を一応保ってはい

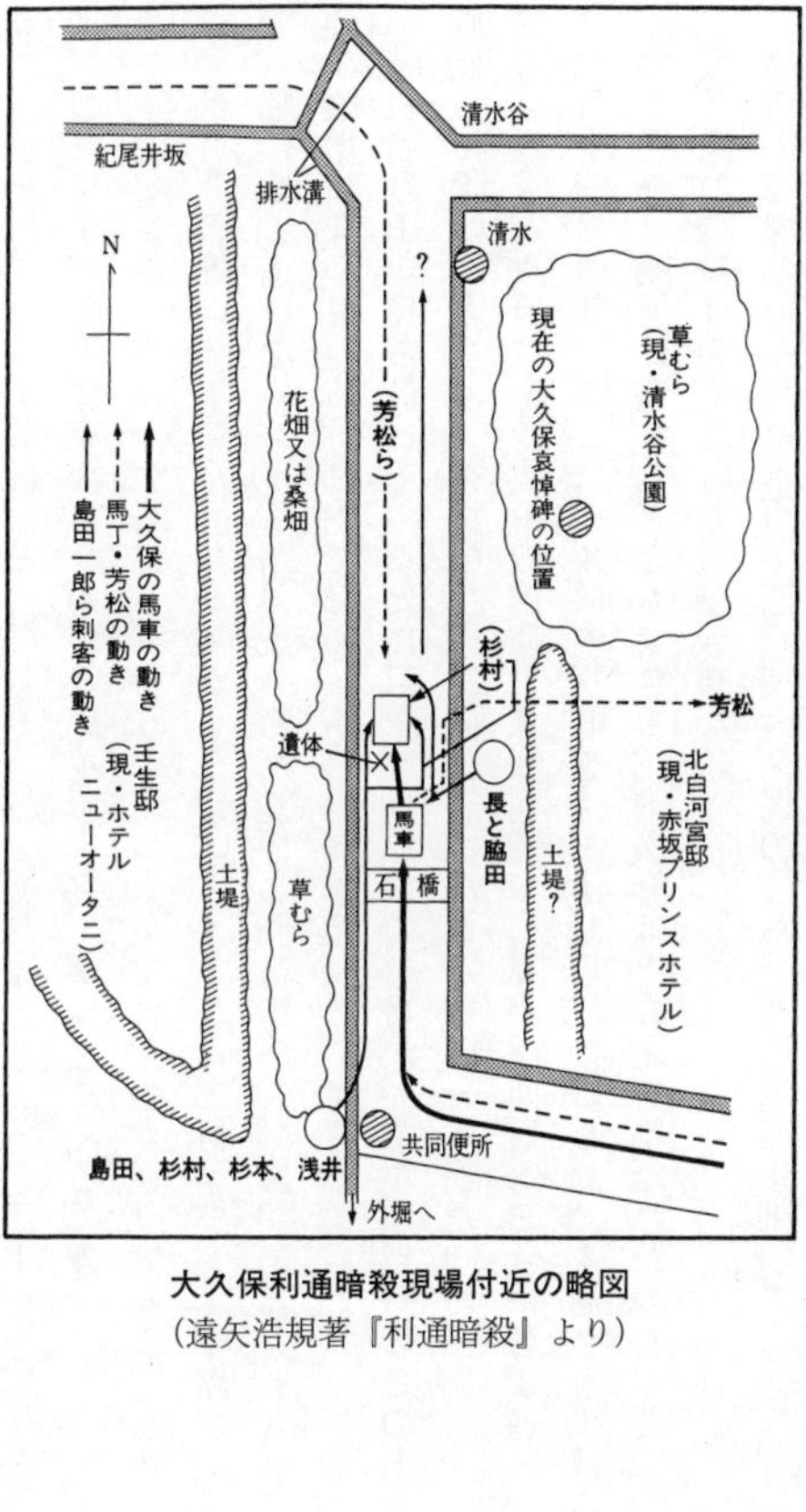

大久保利通暗殺現場付近の略図
（遠矢浩規著『利通暗殺』より）

るが、新しいコンクリート橋となってしまった）を渡ってゆくと、左手にホテルニューオータニのタワー、右手に赤坂プリンスホテルのタワーが見えてくる。ショッピングに、パーティにと、心うきたつ人々でにぎわう通りである。しかし通りじたいは谷間《たにあい》の細い一本道だ。弁慶橋から三〇〇メートルほど行って、T字路に突き当るまで、脇に曲る道はない。T字路に近いあたりの右側に清水谷公園があるけれど、これも一種の袋地になっている。都内ではめずらしい一本道だといえよう。

暗殺者島田一良らは、そのことに目をつけたのではなかったか。当時のこのあたりは、両側にホテルなどなく、茶畑の土手斜面が迫ったさみしい一本道だった。

この道を、政府に出仕する内務卿大久保利通の馬車が、何日かおきに必ず通る。島田らは五月十四日の朝、ここに大久保内務卿を待ち伏せし、たおした。人通りもまばらな一本道で、馬車は脇道に逃れることもできず、内務卿はその命を絶たれたのだった。

大久保の暗殺は明治政府を震撼させた。

維新の三傑といわれた木戸、西郷、大久保のうち、西郷は西南戦争で自刃し、木戸は同じ時期京都で病歿し、ここに大久保が斃れたのであるから、大久保のいう三十年説をまたずして、時代の主役は伊藤博文や山県有朋らの次世代に移ってゆく。

後に伊藤は明治四十二年、ハルビン駅頭で狙撃され、死亡する。かくして維新の元勲とよばれる人々のうち、天寿をまっとうすることのできた者の数はまことに少ないという事実にわれわれはゆき当る。

怨霊鎮魂のための公園

現在、大久保利通の哀悼碑は、彼が暗殺された傍らの土地、清水谷公園にある。はじめて訪れた人は誰でもびっくりするくらい大きいのが、この哀悼碑だ。八角形をした石造の基壇のうえに、シナ風と思われる碑が堂々とそびえている。正面には大きく「贈右大臣大久保公哀悼碑」と刻まれており、その周囲を竜の線刻がとりまいている。

碑の裏側に回ってみると、「嗚呼此贈右大臣大久保公殞命《いんめい》之所也」という言葉ではじまる碑文が刻まれている。碑文は明治十七年十月の年記をもち、東大の歴史学教授などをつとめる重野《しげの》安繹《やすつぐ》が編修副長官として文を撰し、内閣大書記官金井之恭《ゆきやす》がそれを書き、広群鶴という者が刻字して、碑の建設工事は鉄道二等技師の毛利重輔が監督したことが末尾と碑の南側面に記されている。

八角の基壇の周囲にはさらに柵が巡らされているので、裏面の碑文を歩きながら読むというわけにはゆかないが、この碑の巨大さだけによっても、人はこの場所のもつ歴史的な重みに圧倒される。矢田挿雲は『江戸から東京へ』のなかでこんなふうに書いている。

「……清水谷公園は、面積三千七百坪にすぎないが、上品で幽邃《ゆうすい》で、ことに大久保公哀悼の碑は行人をして低徊去るに忍びざらしめた」

清水谷公園は都心にあって、小さいながらも落ちついたたたずまいを示す心地よい小公園であるが、この公園は大久保利通の哀悼のために設けられた記念の公園なのである。つまり清水谷公園のなかに大久保利通哀悼碑が設けられたのではなく、哀悼碑を置くべき場所としてこの小公園は作られたのである。この小公園が作られたのは大久保利通暗殺直後の明治十一年のことであるといわれるが、碑が実際に建設されたのは明治十七年である。

ここで清水谷公園の成立をふり返ってみよう。東京に公園が設けられるのは明治六年のことだが、そのときは五公園を作ったにすぎず、公園事業の本格化は、明治十七年に提出された市区改正案にはじまる。

市区改正とは、最初の都市計画のことである。明治十七年に提出された市区改正案には、当時の東京府のなかに大遊園を十一、小遊園を四十五つくろうという案がふくまれていた。遊園というのは公園のことである。

これに対して政府は、明治十八年に東京市区改正審査会をつくって、最初の案を検討して審査会としての案をまとめる。この案は元老院に提出されるのだがそこで否決されてしまう。そこで政府は市区改正委員会をつくって、審査会の案を修正し、実施に移していった。

明治十七年の第一案の公園中には、じつは清水谷公園は含まれていない。明治十八年の第二案は、大遊園九、小遊園四十三と、すこし規模をちいさくしていて、むろんこの案のなかにも清水谷公園ははいっていない。

この後、明治二十二年に市区改正委員会がまとめた第三案は、以前の案のうち大遊園ひとつ、小遊園二十五を削るという大ナタをふるい、そこに新たに二十三の公園を加えて、全体を四十九の公園案にまとめたものだった。清水谷公園はこのときの公園案にはじめて顔を出すことになる。

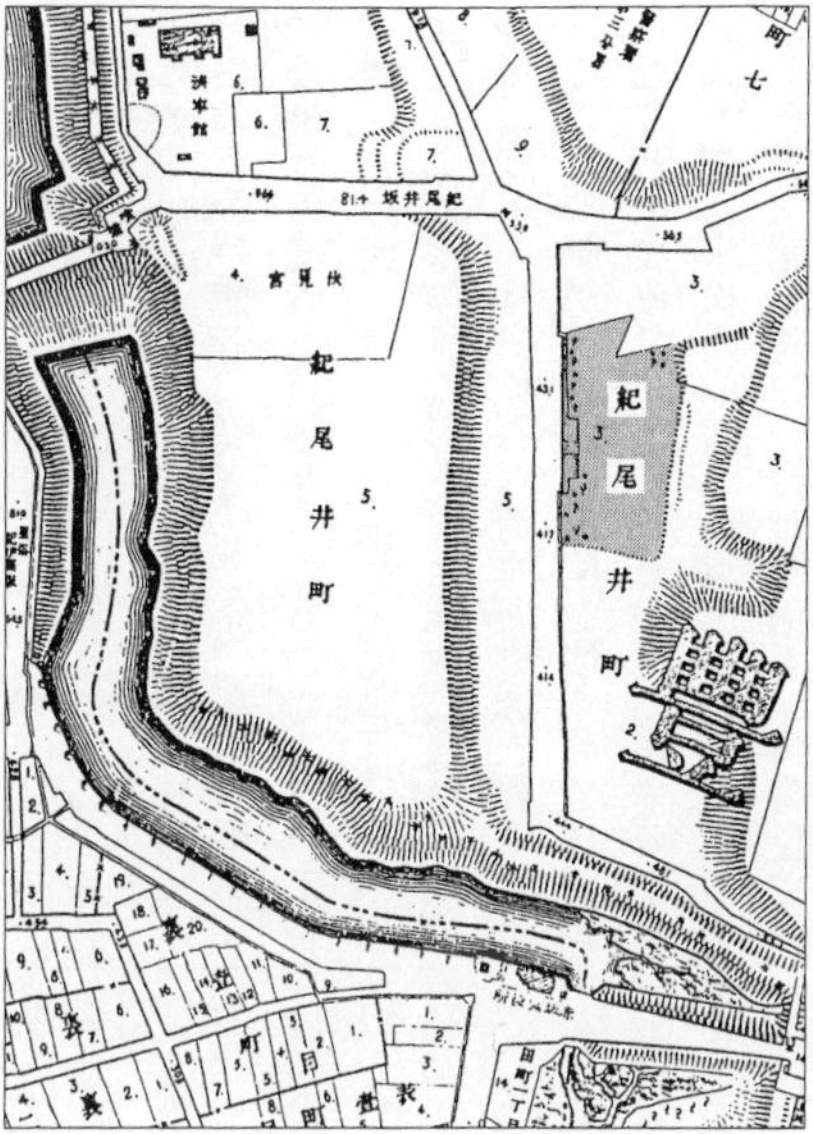

明治18年当時の紀尾井町と清水谷公園（アミ点部分）
（内務省地理局『東京実測図』より）

さて、この四十九の公園であるが、明治三十年代になって実現していたのは、つぎの十七の公園にすぎなかった。

つまり、明治六年の太政官布告によってつくられていた上野、芝、浅草、深川、飛鳥山の五公園と、麹町、愛宕、坂本町、清水谷、湯島、下谷、緑町、高田、根津、道灌山《どうかんやま》、白山、王子の十七カ所であり、そして日比谷公園が加わった。

このうちの麹町、愛宕、湯島、高田、根津、白山、王子の七公園は、それまですでにあった神社の境内を公園としたものであり、下谷と緑町はもとの大名屋敷、坂本町は避病院の跡であった。残るのは道灌山と日比谷と清水谷であるが、道灌山は『新撰東京名所図会』によれば「見る影もなき雑木の森林、汽車のレールは中央を横断して」いるという有様で、残るのは日比谷と清水谷のみとなる。

この二公園が、江戸の遺産を使うのではないかたちで公園を誕生させた数すくない例ということになる。しかし、その名に値する新しい公園は日比谷公園のみであった。清水谷公園の方は末松四郎著『東京の公園通誌 下』によるとおり、「大久保公の奇禍を悼《いた》んで建てられた記念碑の一帯が関係者から寄付され」て公園となったものだからである。

清水谷公園は市区改正によって生まれた新公園というよりは、大久保利通の哀悼碑の周辺が公園として開放された土地というべきなのである。

こうした土地の使われ方は、一種の霊廟の成立を思わせるものがある。利通自身の墓は青山墓地にあるが、その遭難の地が聖化されて公園とされたと考えた方がよいのである。これは歴史的に見るならば、一種の怨霊の鎮魂のための、土地の聖別だと考えられなくもない。この土地に大久保の霊がさまようことのないように、人々は哀悼碑を建て、その土地を公園としたのであった。

復古と近代化の間で

昭和六十年八月八日に、民間活力活用の第一弾として、旧司法研修所跡地六七八六平方メートルが一般競争入札で払下げられたニュースを記憶している人もおおいことだろう。その当時としては破天荒な、一坪二千八百万円という落札価格は、その後の東京の狂乱地価の第一弾でもあった。

このニュースは世間の注目を集めたが、その払下げ地自体に対してはあまり人々の関心は集まらなかったように思う。

じつは、この司法研修所跡地は大久保利通遭難と深く結びついた土地なのだ。江戸時代に紀州徳川家の邸地であった紀尾井町の土地は、明治に入ってから北白川宮邸地と、中教院という施設とに大きく分割される。中教院というのはよく解らない施設だ。明治初期に神祇省というのがあって、これは明治元年に置かれた神祇事務局が明治四年八月八日に省となったものだ。この神祇省は翌五年には廃止されて、教部省というものになる。この教部省に教導職というものが設けられた。

明治五年八月に「自今神官ハ総テ教導職ニ補セシム」という通達があり、教導職とは神官を新しく編成しなおしたもののようである。この教導職には教正、講義、訓導、試補という四階級があったというが、後の教員の資格とは関係がない。

話がだんだんややこしくなってきたが、中教院の説明にはこれだけの前置きが必要なのだ。いま述べた教導職なるものを養成するための施設が教院というものであった。

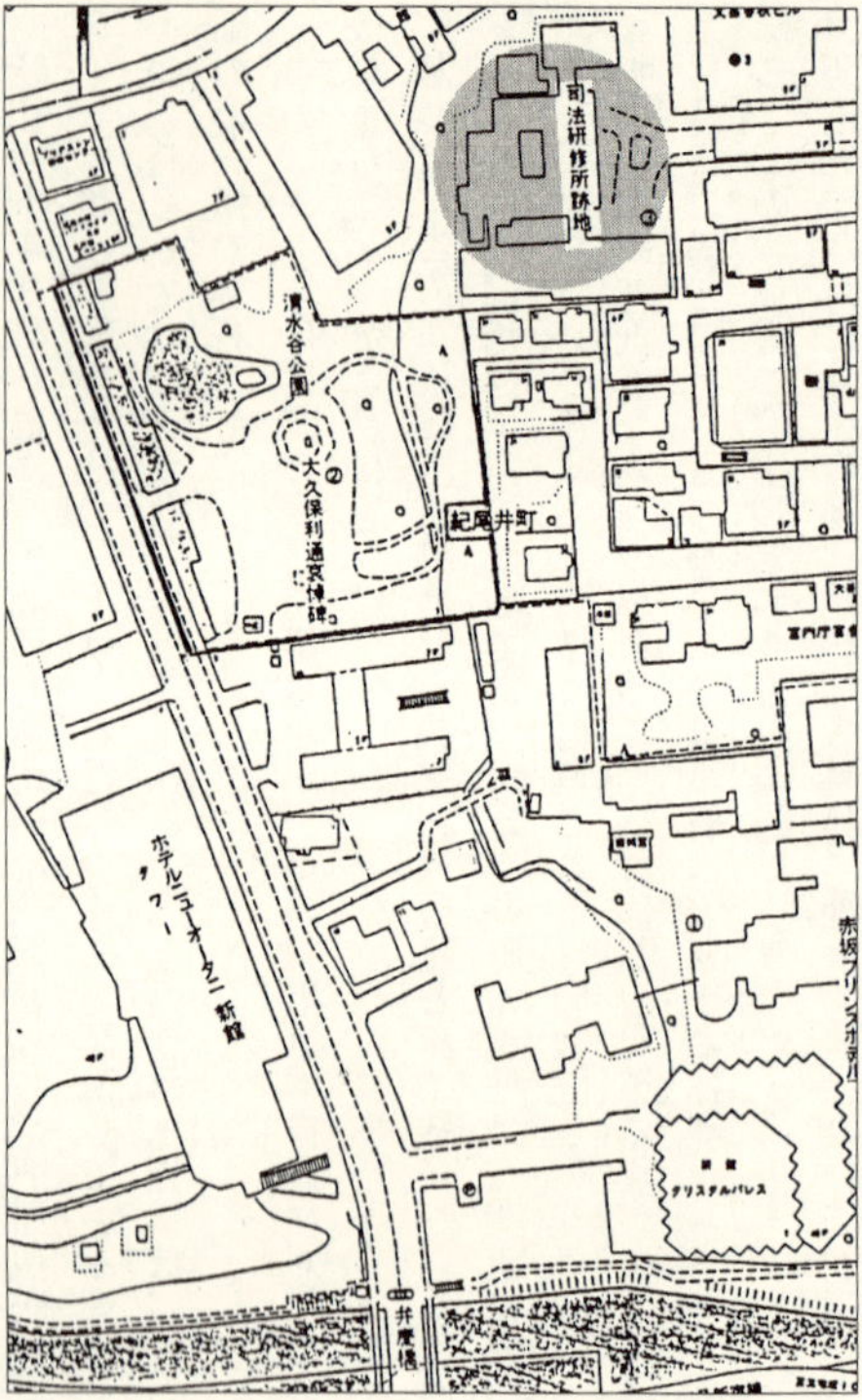

昭和62年頃の清水谷公園と司法研修所跡地（丸アミ部分）

東京にあって教院の事務を総括したのが大教院、地方ごとに設けられた出張所を中教院、小教院といった。

教部省では明治六年二月五日に、大教院を芝増上寺に設け、同時に中教院を旧紀州徳川家の邸地に設けたのであった。

このとき紀州屋敷の他の部分は北白川宮邸になっていたが、北白川宮邸がここに来るまでにはちょっとしたいきさつがあった。北白川宮ははじめ西小川町一丁目一三番地の、もと黒川友之助邸であった武家屋敷を、三品《さんぽん》智成親王の使っていたあとを引きつづいて使っていたのだが、麻布鳥居坂町一番地に引っ越したいと願い出て不許可になり、紀尾井町のこの土地八五五七坪ほどに居を構えたのだった。

こうして紀州屋敷が北白川宮邸と中教院とになっていた時期に、大久保利通暗殺がこの土地の脇でおきたのである。

中教院の土地の西半分、崖下のようになっている部分に大久保公哀悼の碑が建てられ、この土地が、いわば大久保のために捧げられた。

中教院という施設は、つくられて間もなく、その土地の一部を「聖地」に割譲したのである。

そして、中教院自体も、結局開花することなくおわる。教導職という、神官とも役人ともつかぬ職は明治十七年には早くも廃止され、その職は各教派の管長の任命するものとされてしまう。王政復古を唱えた明治維新の、復古のあらわれが神官を厚遇する教導職という制度であったとするならば、それは明治十七年に歴史の表舞台から姿を消し、近代的な官僚制度にとって替られてゆくのである。

大久保利通がそうした近代的国家体制の推進者であったことを考えるならば、彼の殉難の碑が物理的にも中教院を不発に終らせたことは象徴的なできごとだといえるかもしれない。

もとの中教院の土地は、明治二十三年に設けられた行政裁判所の土地として用いられることになる。しかしこのときには、土地の周囲には民有地が食い込んでおり、西方は清水谷公園が占めていて、全体は一種の袋地のような形状をなすに至っていた。大きな官有施設が設けられるには極めて不十分な土地になっていたのである。

この、中教院から行政裁判所へと変貌した土地が、昭和六十年八月八日に入札払下げられた司法研修所跡地なのである。

民活に狙われた土地の共通性

民間活力活用のために払下げられた土地、前に触れた港区六本木一丁目の土地が、明治以降皇女和宮が静寛院宮として住んだ土地であったように、この司法研修所跡地も、大久保利通哀悼碑を中心とした清水谷公園とふた子の兄弟ともいうべき土地なのである。

国有地の払下げは冷静な土地利用分析にもとづく計算のうえで決定されるのであろうが、その第一号の土地が、ふたつながら維新から明治にかけての悲劇の歴史と深く結びついたものであることは、決して偶然ではないように思われるのである。土地の歴史は、土地の性格、あえて言うならば土地の運の強さ弱さを決めてゆくように思われてくるのである。

中教院の設けられていた土地は、清水谷公園という大久保利通に捧げられた「聖地」を生み出すことによって、いわばその土地としての使命を全うし尽したのではなかったのか。明治十一年に、すでにその使命を全うしてしまった土地は、それにつづく一世紀以上の年月を、いわば余生として過しつづけてきたのではなかったか。何かがひとゆすりすればその枝を折る古木のように、この土地は行政改革の風が吹いたときに、まず最初に国の手からこぼれ落ちて、払下げの対象となったのではないか。

ところで、平成元年十二月九日の朝日新聞は、この土地に建てられた「紀尾井町ビル」の後日譚をつたえている。

それによればこのビルは隣地の石川県紀尾井会館を移転し、その敷地と合わせて再開発する計画だったのだが、移転先の工事がおくれ、石川県紀尾井会館の移転も延び、敷地のオープンスペースが確保できなくなってしまったという。そのため、新しいビルの一部は、石川県の会館が移転する平成四年三月まで、使用が凍結されるとのことだ。難しい土地のようである。

[3] 文京区一護国寺

明治の覇者達が求めた新しい地霊

――その「茶道化」の立役者・高橋箒庵

パトロンを失った寺の生き方

東京の地霊といっても、マカ不思議な因縁と偶然のつみ重ねでできるもので、それはみんな江戸時代にできていたんじゃないかと言う人もいるだろう。けれども意図的に地霊を宿らせることも不可能ではないのだ。その実例が音羽の護国寺をめぐる物語である。

音羽の護国寺は元禄五（一六九二）年に僧快意によって開かれた新義真言宗の寺院である。この寺院の建立を発願したのは、上野に寛永寺をつくった三代将軍家光の側室、そして五代将軍綱吉の生母となる桂昌院であった。

ということは、護国寺の建立は幕府の手になるものであり、幕府が一手にこの寺のパトロンを引き受けることを意味する。こうした寺院のことを「幕府一建立《いちこんりゅう》の寺」という。江戸時代の護国寺はたいそう賑わったようである。境内には西国札所めぐりの「写し」も作られて、信者たちは護国寺の境内をめぐることによって巡礼のご利益にあずかることができる仕組みになっていた。

だが、「はやりものはすたりもの」というのか、「禍福はあざなえる縄のごとし」というのか、江戸時代の繁栄は明治時代の衰退にむすびつきやすい。

明治時代になると江戸の大寺は、その多くが見るかげもなく衰微してしまう。幕府から与えられていた知行地をとり上げられ、檀家であった諸大名や大身の旗本たちが、同じように新しい境遇に身を落ちつけるのに手一杯となったのであるから、経済的な基盤も支持層も失った寺院が、寺地を失い堂宇を失ってゆくのも、世のならいであった。

特に護国寺のように幕府一建立の寺院は、唯一のパトロンである幕府がなくなってしまったのだから、その悲惨は想像するに余りあるものだった。けれども、この寺院は明治になってからも、生きのびてゆく。

そのひとつは、陸軍墓地としてその墓域の一部を提供したことである。いまでも護国寺の墓地の奥深く、かつての軍人墓地の名残と思われる荒廃した墓域を見ることができる。どのようにしてか、護国寺は明治政府と結びついた位置を得たようである。これで、護国寺の新しい道がひらけはじめる。

明治二十四年二月二十五日に薨《こう》じた三条実美《さねとみ》は国葬をもって送られたが、その墓は護国寺に求められた。

大正十一年二月一日に歿した山県有朋もまた、国葬をもって護国寺に葬られた。

たしかに護国寺には、明治の政治史・経済史を彩る重要人物の墓地が多い。司法卿をつとめ、日本大学を作った山田顕義《あきよし》の墓もあれば、早稲田大学を創設した大隈重信の墓、大倉財閥のもとを築いた大倉喜八郎の墓、いまの富士銀行、もとの安田銀行を興し、安田財閥の祖となった安田善次郎の墓、三井合名理事長であった団琢磨の墓、宮内大臣などをつとめた田中光顕の墓もある。

さらに墓地の奥の方には、わが国に西洋建築を教授しにやってきて、日本の土となったジョサイア・コンドルの墓もあったりして、建築を専門とする私にはとりわけ感慨深い。

彼らの墓所は堂々として広いし、なかなか凝《こ》ったつくりのものが多い。山県家の墓は東洋建築史の大家であった関野貞の設計によるもの、安田善次郎の墓は日光東照宮の大修理や明治神宮宝物館の設計を手がけたことで知られる建築家大江新太郎の設計、団琢磨の墓は団家お出入りで大正昭和期を通じて東京最高の数寄屋建築家といわれた魯《ろ》堂《どう》仰木敬一郎の設計である。なかでも安田家の墓所などは、木造の門がつき、腰掛待合のようなものも設けられていて、門さえ開けばお参りしたくなるような風雅なものである。

墓地には時おり、はっとする程に凝った意匠のものがあるけれど、護国寺の墓地は明治から昭和にかけての墓地のなかでは、もっとも充実したもののひとつだ。

こうして見てきたお墓の主たちのなかには、生前数奇を凝らした大邸宅に住み、普請道楽を楽しんだ人々が多い。大隈重信邸には大きな温室があって当時の名物であったし、大倉、安田、団ら経済界の大物たちもそれぞれに大きな屋敷を構えていた。田中光顕も普請道楽では人後に落ちなかったし、目白の本邸、岩淵の別邸ともに豪壮な邸宅だった。彼は晩年、岩淵よりさらに先の蒲原のあたりに小ぶりな別荘を建てて、そこに隠棲した。

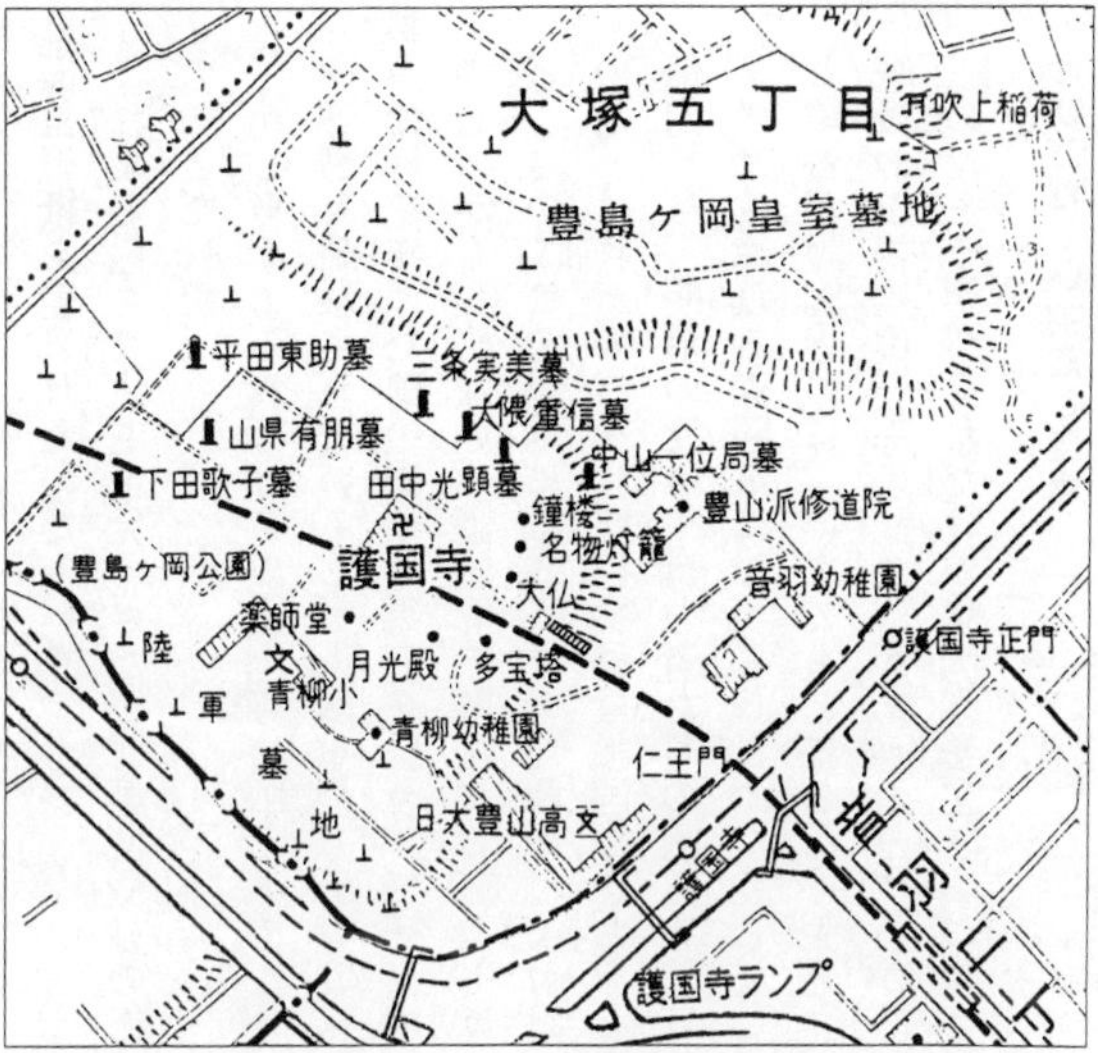

現在の護国寺付近（日地出版『文京区詳細図』より）

この田中光顕の別荘を探し求めて蒲原に出かけたとき、実に奇妙なものを目にした記憶がある。それはこの別荘の寝室に設けられた郵便受けである。郵便受けといっても建物の内部にあって、寝室から廊下側に受口が出ているものだ。不思議に思って現在の管理をしている人にうかがうと、田中は極度に暗殺を恐れていたので、寝室は鉄板を入れた壁を巡らせた蔵造りにした。蔵というより、巨大な金庫の中で寝ていたと言った方がよい。

　寝室の扉は内側から閉めてしまえば外からは開けられない仕

組みになっていた。そこで、急ぎの用事があるときには、召使いが廊下からこの郵便受けに伝言の紙を差入れたのだという。

これまで色々な住宅を見てきたが、郵便受けのある寝室に出会ったのは、後にも先にもこのときだけだ。

しかし考えてみれば、この護国寺に眠る人のなかには暗殺された人も多い。安田善次郎も団琢磨も暗殺されているし、大隈重信もテロリストの爆弾で重傷を負っている。寝室に郵便受けを作った田中光顕は天寿を全うして死んでいるから、その用心深さも無駄ではなかったのかもしれない。護国寺の墓地には、たしかに濃密な人生がつまっている。

じっさいここの墓地に眠る人々の記録をつくれば、りっぱに明治の歴史が書けるほどのものだ。けれども、それだけで私は護国寺をおもしろい土地だと言っているのではない。都内にも、明治の元勲や有力者たちの眠る寺院は数多くある。けれどもそのいくつかは、いまでは荒涼たる雰囲気になってしまったりしている。

ところが護国寺には、いまでもどことなく生きつづけている寺の雰囲気がある。境内には戦後の首相鳩山一郎の記念碑があったりするから、戦後も有力者とのゆかりはつづいているのだろうが、それだけが護国寺を生きつづけさせる秘密ではなさそうだ。

おびただしい茶室と燈籠

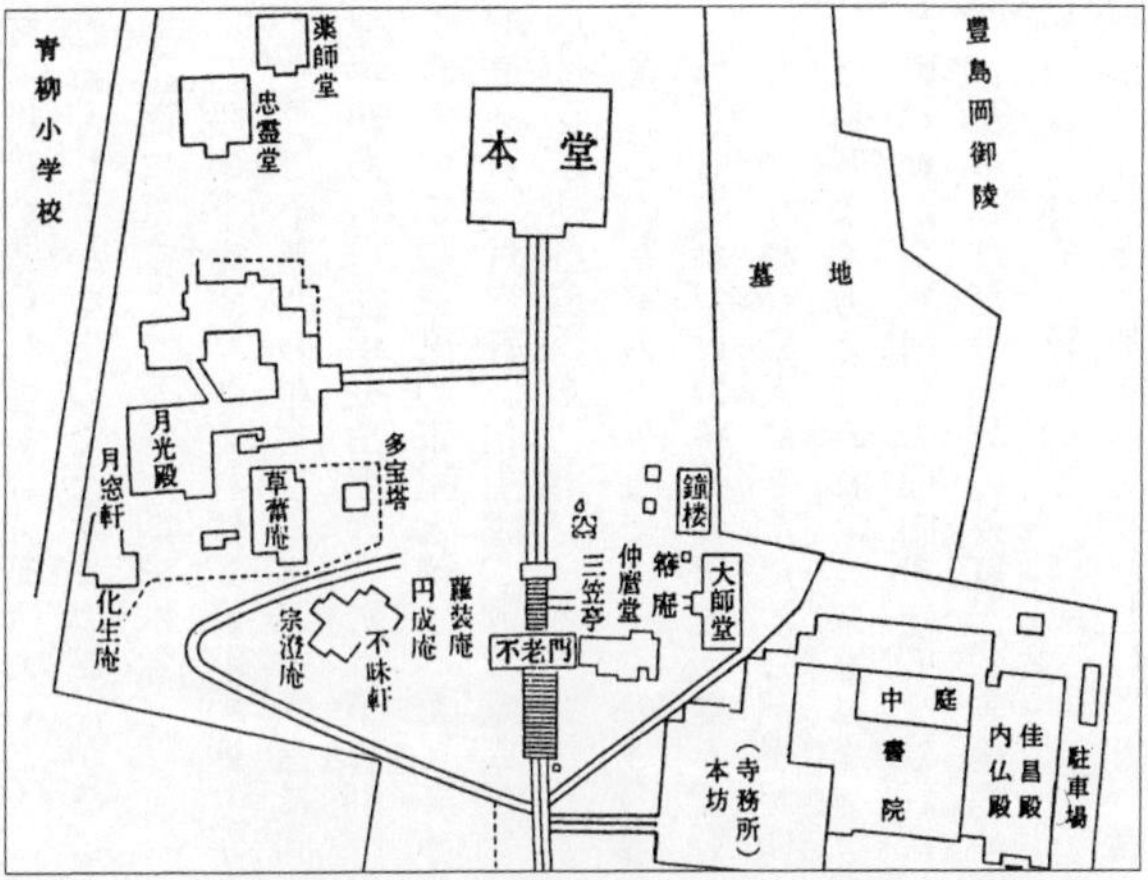

護国寺の茶席図（『護国寺案内図』より）

護国寺には、月に何度か和装のご婦人がたの姿がみられる。それは法事に集まる人にしては華やかすぎる集団だ。くわしいことはよく解らないが、ここでは実にさまざまな茶会が開かれるのである。ご婦人がたは、そうした会に集まる人々なのである。

これこそが、護国寺を華やいだ寺にしている力なのだ。この寺は、何をかくそう、都内屈指の茶道のメッカなのだ。何はともあれ、それを境内に探ってみよう。

護国寺は地下鉄有楽町線の駅名にもなっているから、訪れるのはかんたんである。

いまは寺の寺務所の新築工事が完成し

て、門内の景観はずいぶん変ったけれど、正門の急な石段をのぼって不老門という門を入れば、しずかな寺のたたずまいが拡がる。

正面には堂々たる江戸期の本堂。

石段の下をふりかえれば、音羽の通りが江戸川橋の方に向ってのびている。

ここで不老門の左右をみると、本堂に向って右手には箒庵《そうあん》と仲麿堂というすこし荒れた建物がある。左手やや上の方には不昧軒《ふまい》、円成庵、宗澄庵という茶席がならぶ。

さらにこの三席の茶室と道をへだてて、庫裏《くり》に相当する一画にも茶室がいくつかちらりと見える。月窓軒、化生庵、艸蕾庵などという扁額が見えるから、そういう名の茶室なのだろうと見当がつく。

これらの茶室のうしろには、この寺の客殿である月光殿という名の大きな建物がひかえている。これだけ数多くの茶室が並んでいるのだから、なるほどここは茶道のメッカだわいと、われわれ素人にもただちに納得がゆくたたずまいだ。

けれどよく考えてみれば、茶室はキノコではないのだから、自然にはえてくるわけではない。誰かが、何かの理由で建てなければ、茶室ができるはずはない。

しかもこれだけの数の茶室だ。美術館や博物館ならいざしらず、この寺は茶室のコレクションに熱を上げたのか。

ふつうお寺に茶室が必要だとしても一席か二席あれば、用はすむのではないか。京都の有名な茶室を訪ねて大徳寺や仁和寺などに出かけても、ひとつの塔頭には一席か二席の茶室があるだけであるし、それがごく自然だ。

護国寺の茶室群はこの寺の住職が日替りで茶室を使いたがったといわんばかりの密度で建ちならんでいるのである。

これは自然のなりゆきとして茶室を営んだというよりも、何か意図的なものがひそんだできごとのようである。だがそれを調べるまえに、ひとまず本堂の前に出て、庫裏とは反対の側に歩いてみよう。

本堂の東側には大きなお墓がならんでいるが、その手前、鐘楼の脇に、石の柵に囲まれて何本もの石燈籠がならんでいる。お寺に石燈籠はつきものだが、ここの石燈籠は参道にそってずらりとならぶ大名燈籠のように威圧的なものではない。

だいいち、ならび方がゴチャゴチャとしていて、参道になっていない。おまけにひとつひとつに燈籠の名を刻んだ石碑が添えられている。

暇にまかせてそれを書き写してみると、般若寺形、多《と》武峰《うのみね》形、元興寺形、三月堂形、栄山寺形、蟬丸形、燈明寺形、太秦《うずまさ》形、当麻《たいま》形、西之屋形、平等院形、法華寺形、八幡形、柚之木形、奥之院形、道明寺形、飛鳥形、祓戸形、蓮華寺形、雲卜形となる。

全部燈籠のかたちがちがうのである。

これはつまり、石燈籠の見本集、サンプル展示になっているのだ。何故こんなものが作られているのだろう。

そろそろ護国寺の全貌に迫らなければいけない時期のようだ。

名プロデューサー・高橋箒庵

茶室も石燈籠も、江戸はおろか明治のものでもなく、大正から昭和にかけて作られたものばかりだ。

これはひとりの人物による、じつに周到かつ巧妙な、地霊の根づかせ方の見本ともいうべき仕事の結果なのだ。

その人物を箒庵高橋義雄という。

高橋箒庵は水戸の出身、慶応に学んだ後、新聞界に身を投じてから三井に入り、三越の常務や王子製紙の重役などをつとめた後、茶人として明治・大正・昭和を生きた人物である。

明治の末年に、護国寺は寺の財政を確立するために、三井系の人であった高橋箒庵に相談をもちかける。こうして明治四十二年ごろから、彼は護国寺と関係をもつようになった。やがて、護国寺檀家総代、護国寺維持財団理事長としての高橋箒庵の仕事がはじまってゆく。

いま、彼の墓は本堂の右手前、あの石燈籠群のすぐそばに見ることができる。

彼は檀家総代としてなにをしたか。

自分の墓をこの寺につくったなどというだけでは、なにもしたことにはならない。まず彼は、自分の知り合いをさそって、ここに墓をつくらせた。大倉喜八郎、団琢磨、安田善次郎などといった財界人たちは、どうもその筋によるものであるらしい。

奥の方には三井の大番頭、三井物産の初代社長である益田孝の墓もある。益田家がもともと真言宗だったのを幸い、ここに墓所を定めさせたのは高橋箒庵だったが、鈍翁と号した益田と高橋は茶道を楽しむ同好の士として気心の知れた間柄だったから、話はスムーズにすすんだ。

箒庵高橋義雄

ここで茶道がでてくる。
茶道はもともと禅宗の寺で行なわれたものだというから、寺院に茶道が結びつくことは一向おかしくない。
大正十一年に彼はまず、先程見た石燈籠群を寄進した。いずれも茶庭につかうことのできるタイプのものである。
寺に何となく茶道の雰囲気ができ

てきた。

大正十四年には、仲麿堂、三笠亭、そして自分の号に因んだ箒庵という茶室を寄進した。

これで、茶道の場としての体裁がここに生ずる。

けれども茶道というのはなかなかにやかましいもののようで、お点前だけができてもいけないものらしく、それらしい由緒の道具を揃えてこそ一人前といえるのだそうだ。

護国寺は茶道的な場はできたものの、これだけでは、たんなる施設としての茶室の域を脱しきれない。

そこに一大転機がおとずれる。

ちょうどこの頃、東京は関東大震災後の復興でてんやわんやのさわぎだった。これを機会に、ほうぼうで道路の拡幅、整備も計画されていた。

そんな計画のひとつに、愛宕山《あたごやま》のトンネルを通る道路の拡幅工事があった。行ってみるとよく解るのだけれど、愛宕山のトンネルを出たあたりは、ひっそりと寺が集まった良い風情の場所である。ここに、天徳寺という寺がある。

天徳寺は松江の松平家の江戸における廟所であった。この寺の一部にどうやら道路改修の工事がひっかかった。

仕方がない。それでは墓地を整備して、ここにある松平不昧公の江戸における墓も国元に移そうか、というような話がでてきた。

この話を高橋箒庵がききつけた。松平不昧は大茶人である。箒庵は松江の松平家の当主だった松平直亮《なおあき》を訪れてたのんだ。

「是非とも不昧公の墓所を護国寺にお移しねがいたい」

そして、ついに不昧宗納居士の墓と松平直亮墓所とが、護国寺に構えられることになった。場所は三条実美の墓と大隈重信の墓との間の位置である。

ところで、三条実美の墓と大隈重信の墓には、両方とも石の鳥居が建てられている。仏教寺院に鳥居とは妙なものだが、三条実美の方は京都の梨木神社に祀られたりしているから、まあいいのかもしれない。この鳥居は明治四十四年に土方《ひじかた》久元、東久世《ひがしくぜ》通禧《みちとみ》、南部甕男《みかお》、尾崎三良《さぶろう》の四名によって建てられている。いずれも三条実美に近かった人々だ。大隈重信の方の鳥居は大正二年一月に早稲田大学によって建立されている。こちらの方はなぜ鳥居なのか、よくわからない。

さて、問題は鳥居ではなくて不昧宗納居士である。

松平不昧という大茶人の墓所を迎えることによって、護国寺は東京における京都の大徳寺ともいうべき、茶道の拠点たり得る一大理由を生じたのである。

護国寺の茶道化の完成

ここに強力な茶道化の根拠を得て、護国寺は一気に変貌をとげる。

不昧宗納居士の墓は、大正十四年に護国寺に移された。墓の門扉には「禅指円成」とあった。

松平家では不昧ゆかりのつくばい石、石燈籠などを寄進してくれた。

これを機会に、円成庵と不昧軒という茶席の建立がはかられる。

この年、明治の元勲であった井上馨の収集した美術品の売立てがあったので、茶道具商、美術商に語らって、その売立て利益金の一部を茶席の建立資金にあてたのである。

同じ頃、この当時の有力な美術商だった山澄宗澄の追福のためといって、宗澄庵も寄進されることになった。

こうした勢いを理解するためには、この時代の茶道というものを考えておかなければならない。

大正から昭和のはじめにかけては、財界人のあいだで、すこぶる茶道がはやった。それはいまのゴルフの比ではなかったろう。

もちろん、そのサークルは限られている。

お茶の楽しみは道具の見せっこにあるようなものだったから、高価な名品をもてる大金持の特権的な遊びである。

維新の大変動で、江戸時代以来の大名家のコレクションがずいぶん売立てに出たから、金と眼力があれば名品を手に入れるチャンスはあった。

井上馨もずいぶん強引なやりかたで美術品を集めたという。

たとえば当時、財界人のあいだで何か一仕事おわったとする。お礼に好きな軸でも一本もってゆけといわれて蔵に案内される。いろいろな軸を見せられて、なにがなんだか解らなくなり、エイヤッとばかり、これをいただきますと持って帰ったら、ニセモノをつかんで物笑いになったという話ものこっている。

元勲仲間でも、山県有朋は出おくれて茶道具の収集に後れをとった。それでも茶事くらいやらなければならんと人をよんだところ、有朋の茶道具に人は見むきもせず、

「あそこで見たあれはよかった」

とか、

「おまえのあれを今度ぜひ見せろ」

などと、客どうしでまるっきり関係ない話ばかりされる。

貸席をやっているようなかんじで有朋はすっかりつまらなくなり、茶をやらずじまいにしたという。

けれども有朋はお茶以上に金のかかる造園にこりだしたから、別の意味で十分に太刀うちできた。

まあ、こうした時代だったのである。

茶人グループの方は三井の益田孝を中心に団琢磨、朝吹英二、馬越恭平、高橋義雄らが集まった。

益田孝が弘法大師の一軸を手に入れたところからはじまった「大師会」という茶会がその団結を示した。大師会の人気は高く、財界で顔を売ろうとする人はこの招待状を手に入れるのに狂奔したという。

だからこそ、護国寺を茶道のメッカにするという企画には、寄進があつまったのである。だが、こうなってくると、大勢の人があつまれる広間がほしい。

そこで高橋箒庵はまたチエを働かせた。

ただ大きな建物を建てればよいのではない。由緒がなければ無意味だ。

そこで、彼は品川御殿山に居を構える原六郎に話をもちかける。

原邸内には慶長館という大きな和風の建物がたっている。これはもと、三井寺にあった日光院という客殿を東京に移したものである。

これがほしい。

箒庵はこの建物の寄進をもちかける。

原家の了承をとりつけ、首尾よく建物は護国寺に移されて、名も月光殿と改めて現在にいたっている。時に昭和三年であった。

さらに寄進はつづく。

昭和九年には三井系の財界人で、ビール王ともよばれた馬越恭平（彼は化生と号した）の遺構化生庵が寄進される。

昭和十一年には堀越梅子から艸蕾庵が寄進される。

さらに昭和十二年には三尾邦三が護国寺に中門として、不老門を寄進した。

こうして、いまある護国寺のすがたができあがるのである。

昭和十一年に高橋箒庵は最後の企画を立てる。

多宝塔の建立だ。

真言宗寺院にとって、多宝塔の建立はひとつの夢である。それを実現しようというのだ。

彼は昭和十一年に一口五千円で寄付をつのり、予算六万円でこの建立を計画した。

この塔は、いま月光殿の前に見ることができる。

護国寺の茶道化という一大プロジェクトをなしとげた高橋箒庵は、昭和十二年に歿した。

彼の命日を記念して、護国寺では毎年箒庵忌という追善の茶会が開かれる。

ある年、この茶会に招かれて、私は茶室を拝見し、多宝塔のなかを見る機会を得た。

昭和初年の建物が江戸以来の堂宇と調和して、ゆるやかに時代の流れを形成している。

この普請を行なったのは団家のお出入りで、その墓も設計した和風財界文化人グループの数寄屋棟梁、仰木魯堂である。彼は月光殿を移し、茶室をつくり、多宝塔を建てた。これは大工の仕事のなかでもそれぞれ全然ジャンルのちがうものだから、仰木魯堂はそのすべてを自分でやったというわけでもあるまい。

彼もまた、普請の面でのオルガナイザーだったのである。昭和三年の月光殿移建完成を記念して、彼の顕彰碑が門人・諸職の手によって建てられていることにも、それは窺われる。

大震災後に根づいた地霊

かくして護国寺は、戦前の和風文化のメッカとして推しもおされもせぬ第一流の場となったのである。

興味深いのは、こうして出現し、現在の護国寺を護国寺たらしめている要素は、そのすべてがすべて、みな明治維新以後、というよりも関東大震災以後のものなのである。和風の文化というと、何百年もかけて培われた苔むしたものと思われがちだが、実はその本質は、意外に移植可能なものである。

もちろん、和風の文化を醸成するためには土壌がなければならない。護国寺の草創が徳川の桂昌院に求められることは、由緒という点からは極めて重要な土壌であった。

だが、それを茶道化するためには松平の不昧宗納居士の墓がぜひとも必要だった。それこそが、護国寺に新しい地霊をふき込むものだったのである。しかし、ひとたびその地霊が宿るや、和風文化にむかう全精力は一時にほとばしるのである。

本来東京に和風が生ずるとしたら、江戸以来の伝統をうけつぐよりほかないはずであるが、護国寺の茶道化こそ、明治の覇者たちによって新たに移植された新生の和風なのである。

この文化的プロジェクトをなしとげた箒庵高橋義雄は、文化という目に見えないものの力にとっては、不昧宗納居士の墓に宿る地霊の意味が欠くべからざる重要性をもつことを見抜いていた。

④ 台東区—上野公園

江戸の鬼門に「京都」があった

——いまも生きつづける家康の政治顧問・天海の構想

鬼門を鎮護する寛永寺と増上寺

東京芸術大学の音楽ホールであった奏楽堂という建物は、いま上野公園のなか、東京都美術館の北側の敷地に移建されて使われつづけながら、保存されている。歴史のある建物は、それが建てられた場所に生きつづけてこそ意味がある、という気持がこの建物の保存運動を支えてきた。解体修理をされた奏楽堂が、最終的に上野の山に残されることになって、保存運動はその目的を全うした。

上野の山には博物館があり美術館があり、文化会館があり東京芸大があり図書館がある。まさに上野の山は東京の文化の森なのである。奏楽堂を保存し再生しようとする多くの人々の議論のなかで、奏楽堂を上野以外の場所に移してしまってはいけないという気持が、何も言わないうちからはっきりと湧いてきたのは、上野という場所のもつこうした歴史性を、みなが感じていたからにほかならない。

それにしても、なぜ上野が文化の森なのか。

上野の奥には東叡山寛永寺がある。寛永寺こそ、上野の歴史のすべてを決めてゆく最初の出発点であり、この土地の源なのである。上野の山は本来寛永寺の寺地であった。寛永寺が上野に設けられたのは、上野が江戸城からみて東北の方角にあたっているからだ。

東北は丑寅《うしとら》の方角、つまり鬼門である。寛永寺は江戸城と江戸の町の鬼門を鎮護するべく創建された寺院であった。念のためにいえば、この軸上の反対側、江戸城の西南は未申《ひつじさる》の方角ということになるが、こちら側を鎮護するためには芝の増上寺がおかれた。

つまり、寛永寺と増上寺は江戸の鬼門の軸上にそれぞれ位置して幕府を安泰ならしめる意味を込められたのである。代々の将軍の墓所がこのふたつの寺にかわるがわる設けられていった理由もそこにある。

天海僧正の構想

東叡山寛永寺が江戸の大寺として江戸城鬼門の鎮護のために設けられたのは、寛永年間のことであった。年号を寺号にするのはその寺院が国家的な重要性をもつからであり、このような例としては延暦年間に創建された京都の比叡山延暦寺がある。

寛永寺はまさしく「江戸における延暦寺」として、東の比叡山という意味を込めて東叡山と名づけられたのであった。

寛永寺は、江戸城鎮護のために芝の増上寺とともに鬼門をおさえるという軸を担うと同時に、こうして京と江戸とを相似のものとする想像力の軸の一端をも担うことになるのである。

寛永寺の開基は慈眼大師。彼は天海僧正、南光坊ともよばれる。天海には政治的才能があり、後世彼のことを黒衣の宰相などとよぶけれど、家康生前に彼が政治顧問をつとめたというよりも、むしろ家康歿後に幕府の思想的意味づけを行なったことが重大である。

家康の薨去《こうきょ》後、遺命を奉じてその葬儀を駿河の久能山に営み、元和三（一六一七）年に北関東の日光に東照宮を造営するというスケールは、むかしの大織冠藤原鎌足の例にならったものだそうだが、江戸を中心にして関東平野を大きなスケールでおさえておくという地政学的な構想を秘めていたようである。

この天海に寛永元（一六二四）年、寛永寺を開かせたのは三代将軍家光である。徳川幕府なって創業の大功はなし終えたものの、いちばんむずかしいのはその創業をうけつぎ、保業守成してゆくことである。

保業守成すなわち保守というと、何となく旧来の伝統をただ守ってゆけばよいように考えられがちだが、これが実はそうではない。保守のイデオロギーというのは、日常性のスケールを超えた価値観をその内部にもちつづけていないと、すぐに現実のエネルギーが足元から体制を凌駕してしまう。

天海は関東平野のスケールをもって東照宮を配置して、国土の新しい中枢を神格化した。そのつぎに必要なのが、幕府の首都たる江戸を、天皇の首都たる京都に拮抗しうる格式によって装うことである。寛永寺はそのための重要な布石であった。

東叡山寛永寺は、増上寺とならんで江戸の鬼門を護ると同時に、比叡山延暦寺の江戸での「うつし（写し）」という意味もになって江戸城の東北に建立される。これは極めて壮

安政6（1859）年当時の上野寛永寺と不忍池

大な、江戸の町の意味づけである。東叡山寛永寺が控えることによって、江戸の町は京都に比すべき千年の都となることであろう。

けれども、ここまでの発想ならば、これは保守イデオロギーの秀才が机上の作文として報告書にまとめて建言すればできるようなものである。気どっていうならば、ここまでの構想は概念操作というやつだ。これだけではあまりに高踏的な意味づけにすぎて、江戸の人々には近よりがたい。

そこで天海はおそらく上野の山の地勢を見た。

上野の山は、その名の示すとおり、隅田川の方にむかって張り出した台地の突端である。そこからは浅草、両国、深川といった下町の方面が見わたせる。もう少し西に目を転ずれば、不忍池をへだてて本郷の台地が望まれる。こうした山の風情があればこそ、多少こじつけめきはするけれど、ここを比叡山に擬することができるのである。

とすれば、上野の山の下にひろがる不忍池はなにか。いうまでもなく、比叡山のふもとによこたわる琵琶湖ということになる。

琵琶湖は京都の町とは反対側にあるのに、不忍池は江戸の町の側にあるじゃないかなどと小理屈をいってはいけない。構想は大きいほど説得力がでるものなのだ。

こうして不忍池は、ちと小さいが、琵琶湖に比せられる。

天海はここに中の島を築こうと熱心だったと伝えられる。

何故か。

琵琶湖には竹生島《ちくぶしま》という小島があるからである。竹生島には宝厳寺《ほうごんじ》と都久夫須麻《つくぶすま》神社があってなかなか賑わっている。現在も、桃山時代の第一級の建築を見ようと思ったら、この竹生島に渡らなければならない。とすれば、不忍池にも中の島があって、そこに宝厳寺の弁天堂と同様のものがなければいけない。

かくして不忍池には中の島が作られ、そこに弁財天のお堂が建立された。東叡山が比叡山のうつしであるなら、不忍池は琵琶湖のうつしであり、中の島は竹生島のうつしなのである。

さらに、比叡山のふもとに坂本という町があるので、上野の山のふもと（鶯谷の方向）にも坂本という町をつくってしまったのだから徹底している。この町名は戦後まであった。

思想的な構想であった江戸・京都の対比は、こうして現実の空間、現実の土地の軸を形成してゆく。これこそが、開府まもない江戸の町に新しい地霊を宿らせるための、天海の構想であった。

江戸に京都をもたらす

土地を見立てる、名所をうつすというかんがえは、江戸の人たちが大いに好むところだった。だいたい日本の名所の多くは歴史的な事件やできごとを連想させるものが多く、そ

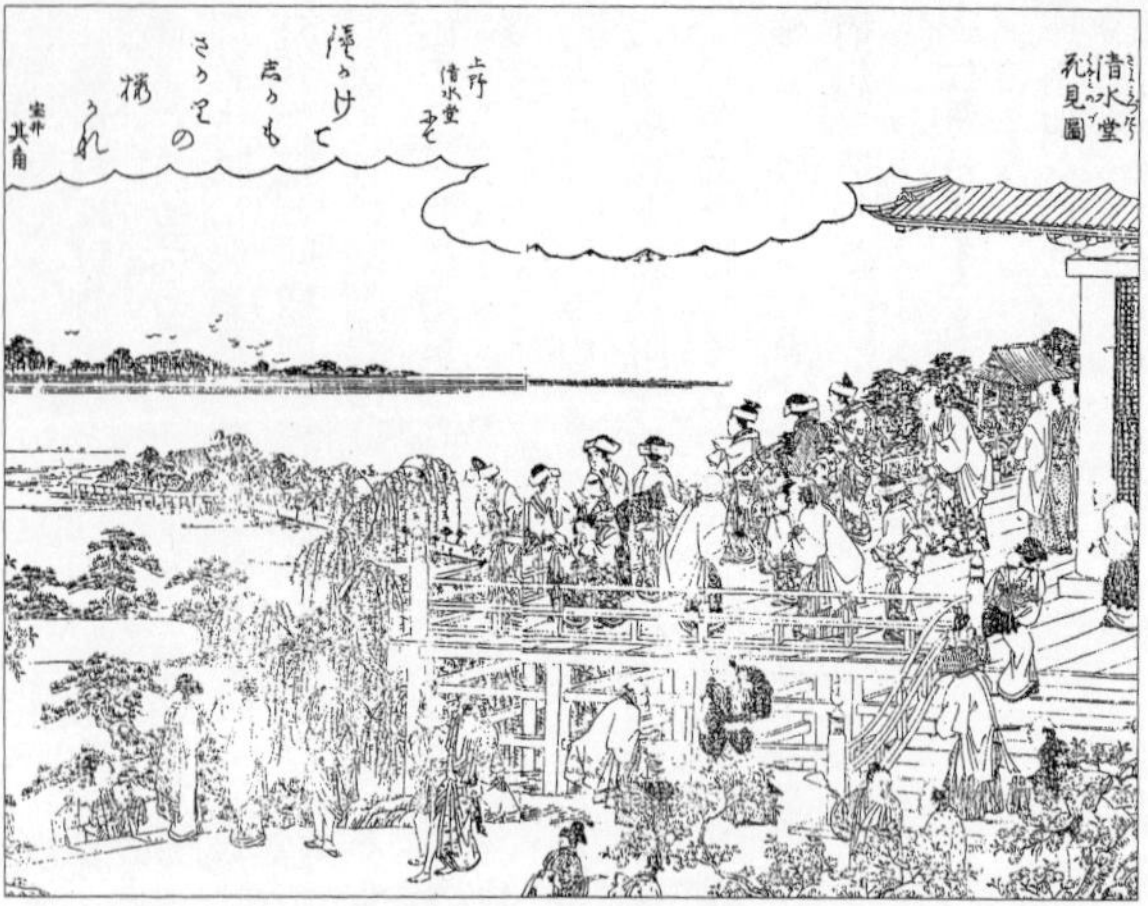

上野の清水堂花見図（『江戸名所図会』より）

こで人々は昔を今にうつしして感慨にふけるのだ。

そういうときには、大局的な眺望や地勢も大事だが、小さな地形やなんでもない木や石が連想をいきいきとさせる。まさに、神は細部に宿るのだ。

不忍池の中の島と弁天堂は、江戸と京都を結ぶ空間軸のもっとも重要な細部、へそのような位置を占める。こうなると、もっと連想を裏づける細部がほしくなる。

上野の山の中腹にいまも建っている清水堂という小堂は、このようなねがいの産物だ。不忍池に臨んだ崖《がけ》地に建つ清水堂は、その名を京都の清水寺にとっている。江戸・京都の軸をこのお堂もまた、われわれに保証してくれているのだ。清水寺に発する清水堂だから、この小堂も懸造《かけづく》り（舞台造り）になって斜面から迫《せ》り出している。比叡山たる上野の山に、清水寺たる清水堂が建って、琵琶湖たる不忍池を見はるかしているのでは、どう考えても空間が歪んでしまうのだが、くりかえしていうように、こうしたことに小理屈を言ってはいけないのだ。神は細部に宿るのだから、ゆかりのある細部が多ければ、人はそのそれぞれごとに真実を見てゆくのだ。

ちょうど和服の柄がひとつひとつは写実的な草花をうつしながら、全体としてはけんらんたる非現実の美を生むように、江戸の町に埋め込まれたさまざまな京都の断片は、それら全体としてはたがいに矛盾する構図となろうとも、その集積によって江戸の町に深い意味を与えたのである。

まさに上野は、江戸に京都をもたらす土地であることによって、江戸のへそとなったのだった。

江戸の人は、上野という土地に棲《す》みついた地霊の力を、すぐさま感じ、理解したにちがいない。上野には京の都の霊力がうつり棲んでおり、それが江戸の鬼門鎮護の力となってしっかりよこたわっている、と。

上野は、江戸の町があるかぎり、この町と幕府を護りつづけるであろう。

事実、上野の山は江戸の町を護りつづけたようである。上野と江戸の町はたがいに運命共同体となるべく、天海によって引導をわたされたのだから。

もともとは下谷に対しての上野、つまり平坦な高台という地形上の名称だったといわれる上野は、こうして江戸名所のひとつとなっていったのである。『江戸名所図会』は清水堂について「この辺殊更《ことさら》に桜多し」と記し、人々が清水堂の舞台から花を眺めるさまを描き、「鐘かけてしかもさかりの桜かな」という宝井其角《きかく》の句を添えている。

江戸の人々に上野が愛されたのは、神社仏閣があると同時に、その地勢が魅力的だったからであろう。不忍池を眺め、南に日本橋の方面を見、東に浅草を望む地勢は、それだけでも十分に人を魅了する。そこに、何とはなしに京都を思いおこさせる意味づけがちりばめられることによって、桜を見物する人も秋の紅葉をめでる人も、不忍池の蓮の開花を待つ人も、みな心から良い心持ちになれたにちがいない。東国の城下町ではなく、上野がある限り江戸は日本の中心だ、とさえ、人々には思えたにちがいないのだ。

それ故にこそ、上野の山は江戸の町が終り幕府が滅亡する日、もっともはなばなしい舞台となるのである。

上野の意義を見抜いた大村益次郎

慶応四（一八六八）年五月十五日、江戸の町はその命を終えた。彰義隊が上野の山にこもり、大村益次郎の指揮する官軍の前に潰《つい》え去ったからである。

勝海舟と西郷隆盛が江戸開城を話し合ったとしても、上野の山の戦争だけはなされなければならなかったであろう。江戸二百五十年の歴史が終るときに、慶喜は恭順し勝海舟らは和睦を計ろうとも、徳川の武士の何人かは旧体制に殉じなければならなかった。

慶喜の出た一橋家の家臣を中心に結成されたという彰義隊であるが、彼らの主《あるじ》たる慶喜はひたすら恭順の意を表して寛永寺の大慈院に引きこもっている。いまも大慈院に残る慶喜の居間はおよそ質素なもので、それでいて江戸の気分の残っている良い部屋である。

だがこの際、大慈院の室内の趣味は問題ではない。

問題なのは彰義隊の大義であり名分である。彼らが主と仰ぐ将軍は彰義隊の決起は一切認めない。彼らとしても慶喜の名において官軍に一矢報いるというわけにはゆかない。彼らは上野にいる輪王寺宮《りんのうじのみや》を立て、将軍の誤解された汚名をそそぐという名分をもって集まった。

けれどもおそらく彼らは知っていたのであろう。彼らは結局のところ江戸という町に殉ずるのだということを。

上野の戦争は避けようと思えば避けることのできた無益な戦いであった。だいいち、彰義隊が騒ぐものだから官軍側の心証を悪くし、本来は百万石の大名として家名を存続することになっていた徳川家は七十万石に削られてしまった……。こうした考え方があるのももっともである。

けれども七十万石が百万石になったところで、すぐに廃藩置県が行なわれて、将軍家であった「徳川藩」もなくなってしまうのだ。誰かが一矢報いて、そのうえで江戸の町に区切りをつけなければならなかったろう。彰義隊士に、私は共感を覚える。

さて、こうして彰義隊は上野に留まることになり、官軍方はこれを攻めることになる。ここに至るまでの駆け引きには、大村益次郎の戦略があったという。幕府の遺臣たちが官軍に嫌がらせをしたり、妨害をしたり、切りつけたりするのを、彼は徐々に封じ込めていって、上野に籠るように仕向けた。

こうなるためにはいくつかの前段がある。彰義隊側には輪王寺宮についていた覚王院義観という僧がいて、彰義隊を鼓舞して、寛永寺の子院全部を彼らのための宿舎に提供した。寺院というのは広い境内をもち、一朝事あればすぐに軍事施設に転用できるのである。寺院の配置というものは、どこの都市でももともとこうしたことを考えて行なわれている。だから、彰義隊も覚王院義観も、そのむかし天海僧正が構想した江戸の鎮護のヴィジョンにそってうごいたのだとも思われてくる。

さらに話がある。

もしも官軍方が二万両を与えれば、彰義隊は上野を去って日光にしりぞき、そこで家康の廟を守護してもよいという話があったというのだ。そうなれば彰義隊は上野に集まり、そこから粛々と軍を引いて、日光にこもることになったであろう。それもまた、天海の布石した江戸・日光の意味づけをなぞるものになっただろう。

けれども官軍方は二万両を出さず、彰義隊は上野にこもった。じつは官軍には金がなかったのだという。官軍じたい、軍費のないのをやりくり算段しながら江戸にいた。だからとてもそんな余裕がなかった。

そのなかで大村益次郎は戦争の準備をすすめ、官軍のための戦闘費用をかきあつめていた。

大村には、上野の戦争に対してふたつの方針があったように思う。

そのひとつは地域を限定して戦うことであった。彰義隊が江戸市中に散ってゲリラ的に戦いはじめたら、土地勘のある彼らに官軍はさんざんてこずらされるだろうし、江戸の被害は莫大なものになるだろう。これに江戸の町人が加勢したら手のつけられぬことになる。どうも江戸の町人は官軍を良く思っていないらしいから、こういう事態は避けねばならない。

現にこれまでも堂々と行進している官軍の隊列が町人に道を尋ねると、とんでもない方角を教えられて、それを真にうけてとんだ恥をかいたこともあった。

だから、彰義隊がたてこもることに意味を見出している上野の山に、官軍も最大の敬意を払った戦さをする必要がある。それが限定戦にもちこむ戦略だ。

もうひとつの方針は、真正面から彰義隊をやっつけるということである。

夜襲をかけたらどうかという案を大村が一蹴した理由はそれだ。この戦争は勝てばよいというものではない。正面から上野の山をつぶしてこそ、江戸の人は官軍に江戸を引き渡す根拠を見出すだろうと、彼は考えたのである。

夜討ちで彰義隊を狩り立てたのでは、江戸の町は江戸の人のものでありつづけてしまう。そんなことをしたら、官軍がいつ逆に夜討ちにあうかもしれない。夜襲などというケチな戦いではいけない。

大村益次郎はおそらく直観的に、江戸の武士を上野で葬ることによって、江戸はその魂をゆずりわたすであろうと見抜いたにちがいない。

限定戦を正面からいどんで破る、これが彼の方針であった。

そのためには、戦争は即決で終えなければならない。後方に彰義隊のための退路を広くあけ、江戸市中の側から厚く攻めるという布陣がここに出来上る。

しかも彼は、五月の十五日に総攻撃をかけると、前々から広言していたらしい。これも奇襲という汚い手を避け、正面からいどむ姿勢であり、同時に彰義隊側を上野に一層結集させる方法である。奇襲したのでは官軍の名分が立たないし、何よりも集まりそこねたり、手からこぼれたりした彰義隊が市中でゲリラ戦をやるおそれがある。

こう考えて、大村益次郎は戦争を組んだ。

役者の三代目中村仲蔵という人が、この上野戦争の当日のようすを『手前味噌』という自伝のなかで、実に見事に記録している。

「同十五日。東雲《しののめ》より上野にて戦争始まる。此起りは官軍方錦《にしき》の裁《きれ》の袖印《そでじるし》をつけ、市中を横行す。江戸の町人、錦裁《にしきぎれ》といつて皆憎がる。彰義隊是《これ》に途中出合時は度々喧嘩《けんか》を仕かけ、小ぜり合《あい》ありしかば、官軍方御威勢にも係はるとて諸藩に命じて追討あり。同日、昼前は上野方《がた》強く、官軍方に負色ありしが、何分にも寡《か》は衆に敵せず、無縁坂榊原《さかきばら》さまの屋敷より、官軍大砲を池ごしに打懸《うちかけ》し所、此弾丸《たま》山門へ当り、燃へ付しが山内方敗軍となり、輪王寺の宮は根岸より落ちたまふといふ」

ここでいう「無縁坂榊原さまの屋敷」というのは、後に三菱の岩崎家の当主の屋敷となり、いまは司法研修所になっている土地である。

この戦争で、正面黒門側は薩摩の兵が攻め、長州は谷中、根津方面から攻めた。西郷隆盛がこの戦闘計画を見て、大村益次郎に「おまえは薩摩勢をみな殺しにする気か」といい、大村が「そのとおりだ」と答えたと伝えられる攻撃分担である。

ここにも、実は正面攻撃に最大の栄誉と意味を見る思想がある。西郷は薩摩勢の命を惜しんだわけではなく、むしろその逆で、薩摩が正面攻撃をしてよいのだな、と念を押したのであり、それに対して大村は「そのとおりだ」と答えたのだ。念のために言っておけば、大村益次郎は長州人だ。

彰義隊士の死の意味

大村の戦術はことごとく計画通りにすすみ、その日のうちに上野の戦争は結着がついた。彰義隊の敗残の士たちは、護国寺へ落ち、また根岸へ落ち、吾妻橋を越えて向島へと落ちていった。

江戸の人たちは彼らに古着を与え、刀を隠し、その落ちゆく先への便宜を計ってやった。さきに見た記録を残している中村仲蔵は、翌日十六日には、さっそく朝早くから上野へ見物に出かけている。江戸っ子の物見高さの面目躍如といったところか。

上野の山下から登った彼は黒門木戸を入って、彰義隊士が数十人も倒れたままなのを見、大砲の車一輛が残り、樹木には鉄砲が当って折れているのを見た。それから、あの上野の清水堂の舞台に上った。「奥の方《かた》を見るに、山門は情けなくも灰燼と成り、見るもいたはし」、これがその印象である。

こうして歩きまわった仲蔵は、彰義隊の戦死者、切腹をして果てた者の姿にはゆきあったが、官軍のそれには出会わなかった。

「然《し》かし官軍がたの死骸は一ツもなし。是みな夕辺《ゆうべ》のうちに運び取しならん。お手際と

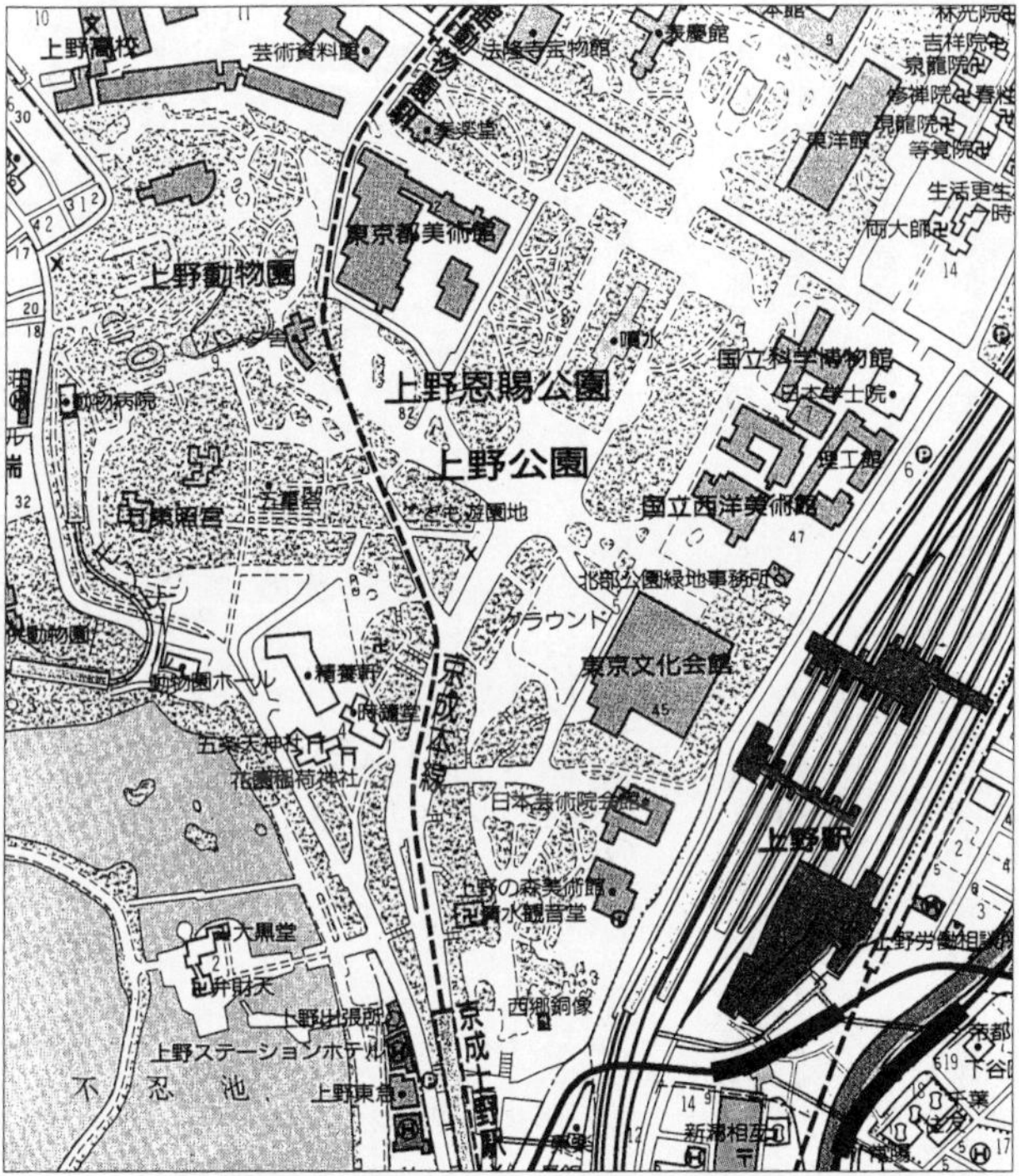

現在の上野公園付近（昭文社『東京都区分地図』より）

「いふべし」

これが彼の感想だ。「お手際といふべし」という見方のなかに、いかにも江戸っ子らしいあっさりした終戦の感慨がこもる。

この官軍の手際をほめて、江戸の人たちはその町を譲りわたしたのだった。彰義隊は決して無益な死を遂げたわけではなかったのだ。上野という場所の意味を、徳川の歴史のすべてを込めて振り返ってみせ、その場所を自分たちの死に場所にすることによって江戸を官軍に譲り、江戸のなかで上野が占めているとくべつな位置を教えたのだった。

彰義隊士の大多数は、そのことのうちに自らの死に甲斐を見つけたのだ。彼らはけっして官軍と取引きをしようとしたり、自分たち幕臣の立場を有利なものにしようなどと考えたわけではなかろう。

上野の戦争は無益な戦争ではなかったし、彼らの死は無益な死ではなかった。彼らは自らが敗れ去る姿によって、江戸という町の本質を官軍に示したのだった。

上野に示した明治政府の敬意

明治になってからの上野が、博物館、動物園、文化会館、芸術の森の場となってゆくのは、江戸の鎮護の場所を、明治政府が精一杯の敬意を込めて受けとったことの証しであろう。

　明治政府は上野の山に自分たちの神社や寺院を建立することはとてもできなかったし、さりとて他の大寺院や大名屋敷の跡地のように、実用の施設のための敷地に転用することもできなかった。

　明治三年に大学東校を神田和泉橋から移転して、上野を大学病院の敷地としようとしたが、このときはオランダ人教師ボードワンの意見に従って、風光明媚な上野の土地は公園として好適地だということになり、ついに東京で最初の公園のひとつとして、明治六年に開園する。

　医学校であった大学東校は上野の地をあきらめて、不忍池をはさんだ向い側、本郷台地の旧加賀藩邸の土地に移る。現在の東大医学部である。こうして上野の土地は、残された。

　ちなみに、本郷へ移っていった医学校のあった神田和泉橋には、現在三井記念病院が建っている。こちらの土地は医学との縁が切れずにつづいていることになる。土地の性格は、意外に長くその尾を引くことがあるのだ。

　だから、明治政府が博物館、美術館、動物園、そして芸術のための学校を上野にもってきたことは、彼らなりの上野への敬意の表しかただったように思われてくるのである。

　その象徴である音楽学校の奏楽堂が、上野の山にとどまりつづけたことは、だから明治の洋楽の殿堂が残ったということ以上に、上野そのものの土地の記念碑として、意味深いことだった。

5 品川区—御殿山

江戸の「桜名所」の大いなる変身

——庶民の行楽地から時代の覇者達の邸宅地へ

日本橋につづく「吾妻八景」のひとつ

東京の山手線が、もっともダイナミックに円弧を描いてカーヴするのは、品川駅を出てから大崎、五反田へとすすむ間である。このダイナミックなカーヴによって囲まれた部分、港区の高輪四丁目と品川区北品川四丁目は、むかしは八つ山と御殿山《ごてんやま》とよばれていた。そしてここは、江戸時代には桜の名所として名が高かったところである。

私が一部分をくちずさめるほとんど唯一の長唄に「吾妻八景」というのがあって、それはこんな言葉からはじまっている。

〽実《げ》に豊なる日の本の、橋の袂《たもと》の初霞、江戸紫の曙染《あけぞ》めや、水上白き雪の富士、雲の袖なる花の波、目許《めもと》美し御所桜、御殿山なす人群《ひとむれ》の、かをりに酔《え》ひし園の蝶、花のかざしを垣間見《かいまみ》に、青簾の小舟、謡ふ小唄の声高輪に……

この曲は文政十二（一八二九）年四月に、四代目杵屋《きねや》六三郎という人が、芝居に関係のない純粋のききものとして作った当時としては野心作だという。題名のとおり江戸の名所をさまざまにうたい込んだもので、ここに引いたところには、日本橋からはじまって、御殿山、高輪が詠まれている。

「吾妻八景」には、じつは八景にこだわらず、このあと駿河台、お茶の水、浅草本願寺、宮戸川、浅草寺、隅田川、衣紋坂《えもんざか》、吉原、上野忍ヶ岡、不忍池の弁天さまなどがでてくる。しかし、なかでも「目許ウツクウシ、ゴショザクラアー、ゴテエンヤマナス人群ノオー」というあたりが、いいのだ。

山手線が品川を出て大崎、五反田に向ってすすむとき、進行方向に向って右側は小高い土地が迫っていて、いつも緑が多かった。それが御殿山なのである。

けれどもいま、車窓からは緑を越して大きなクレーンが動いているのが見える。

ここにもまた、大規模な再開発工事が進行中なのである。

計画されているのは地下三階、地上二十一階のオフィス棟と、地下三階、地上二十五階のホテル・住宅棟を中核とする大規模建設であり、おそらくこの実現によって御殿山の歴史は、最終的に変ったものになってしまうであろう。

ところで、御殿山というのは何だったのだろうか。なぜ、「吾妻八景」のはじめに、日本橋からすぐにこの土地にイメージがとぶほどに有名だったのだろうか。

御殿山という名は、慶長元和《げんな》の間に、この場所に農夫の耕作ぶりを視察するための御殿があったところから起ったものだという。

『江戸名所図会』は、江戸時代の御殿山をつぎのように描写する。

「この所は海に臨める丘山にして数千歩の芝生たり。殊更《ことさら》寛文の頃和州吉野山の桜の苗を植ゑさせ給ひ、春時爛漫として尤も壮観たり。弥生《やよい》の花盛には雲とまがひ雪と乱れて、花香《はなのか》は遠く浦風に吹き送りて、磯菜《いそな》摘む海人《あま》の袂を襲ふ。樽《たる》の前に酔ひを進む春風は枝を鳴らさず、鶯の囀《さえず》りも太平を奏するに似たり」

先ほどの「吾妻八景」といい、この『江戸名所図会』といい、御殿山を描写するとどうしてこうも名文になるのだろう。御殿山のイメージが、作者たちに花見時の心地よい酔いをひきおこさせるかのようではないか。特に『江戸名所図会』のこの条《くだ》りは、『名所図会』全篇を通じてもっとも美しい文章のひとつだ。

しかも、そこに描き出される御殿山の風情の、なんと近代的なことか。なだらかな芝生の丘が品川の海に面して広がり、そこに数千株におよぶ桜の木が潮風に枝をそよがせている。春ともなって一面に吉野桜の花が咲きにおうさまは、われわれにとっても一場の夢かと思うばかりではないか。このような桜の名所が考えられるとすれば、芝生と水の連想から、人はポトマック河畔に植えられたワシントンの桜を思いおこすかも

安藤広重「名所江戸百景　品川御殿や満」

しれない。まさにすばらしくモダンで、しかも「太平を奏するに似たり」というべき風情である。

『江戸名所図会』は天保四（一八三三）年の序文をもつ書物だが、それよりすこし前、文化十一（一八一四）年に著された『遊暦雑記』は、ぐっとリアリスティックにこの土地を描写している。

「東西長さ凡《およそ》四町、南北の広さ凡二町、但し南の方崖《がけ》にして、高き事二丈あまり、北の方は爪先さがりに次第に低し。此山平かに芝一面に生じ、さくら数千株ところ〳〵に繁茂し、八重あり一重ありて、花いろを競ひ咲といへども、桜木の御植付もなきにや、或は立枯れし又は風折して、山の掃除も隅〴〵までは行とゞかず、塵芥のつくねたるは、近頃御成もなき事になん。飛鳥山にくらぶれば花多しといへども狭く、惣体《そうたい》不掃除にして汚穢《おあい》といふべし」

ここで「近頃御成もなき事になん」と言っているのは、もとは将軍家光がしばしば訪れたりしていたのに今はそれもない、ということだ。『遊暦雑記』の筆者は、要するに狭くて汚いといっているのだが、ゴミがちらかるほどに、人々の混雑する行楽の地だったということではあるまいか。私は芝生と桜の樹と潮風と眼下の海という、この土地の基本的構成の美しさを信じたい。

昭和十一年に発行された鈴木善太郎著『御殿山史』(御殿山町会版)には、「東都名所記」という、江戸時代に出された江戸名所の番付が掲載されている。それによると「品川風景ノ地、御殿山」は、東の前頭三枚目にランクされている。

この番付によると最高位である東西の大関がそれぞれ上野の「忍ケ岡」と「隅田川」、東西の関脇が「三芝居」と「新吉原」、東西の小結が「霞ケ関」「待乳《まっち》山《やま》」である。前頭を七枚目まで列挙してみると、東の方は、「星之山」「愛宕山《あたごやま》」「御殿山」「三十三間堂」「不忍ノ池」「宮戸川」「富ケ岡八幡」となっており、西の方は「日本堤」「道灌山《どうかんやま》」「亀井戸」「五百羅漢」「吾妻森《あずまもり》」「三囲《みめぐり》」「浅茅《あさじ》ケ原《はら》」となる。いまではなくなってしまった名所が多いが、こうした中での御殿山のランキングはなかなかのものである。それだけ、この土地は江戸の人々に親しまれていたのである。

外国使臣の見た御殿山

やがて江戸幕府の時代が終ろうとする頃、幕末維新を日本にすごした英国の外交官アーネスト・サトウは『一外交官の見た明治維新』(坂田精一訳)のなかで、御殿山にふれて、こんなふうに述べている。

「御殿山《ゴテンヤマ》は、将軍政府の歴史上、実に有名な場所であった。江戸の初期には、この国の元首たる将軍が雄藩の大名の年に一度の江戸入府を出迎えるために、この御殿山まで出向く習わしであった。しかし三代将軍家光は、自己の覇権《はけん》をもはや確固たる権利として主張しうると思ったので、これにいっそう強い刻印を押すため、雄藩の大名をも他の家臣と全く同様に自分の居城内で迎えることにした。その時から、この御殿山は、一般公衆に開放されたのである」

そしてまた彼は、この一帯の土地は「春になると、あらゆる階級の人々が集まってきて、湾内の青い海水を見ながら、桜花の下で楽しんだものである」とも記している。

サトウが御殿山の情景を、歴史をふりかえりながら記述しているのは、この土地が、幕末に彼ら外国人たちのために外国公使館用地に割り当てられたからである。

これは安政元（一八五四）年の日米和親条約によって、公使の江戸駐在を認める方向が打ち出されたためであった。

けれどもよく知られているように、外国の外交団の駐留地は、はじめは江戸の寺院であった。英国のR・オルコックは高輪の東禅寺、フランスのデュシェーヌ・ド・ベルクールは三田の済海寺、オランダのポルスブルック伯は芝の西応寺、アメリカのハリスは麻布の善福寺がそれぞれの居所であった。

寺院をこうした施設につかうのは日本の伝統的なやり方だったが、外国人の居留にはどうもつごうがわるい。サトウはこの間の事情をこう記している。

「公使館の永久的な建物をつくるための談判が長い間行なわれた。そして、そのころまでには絶好の敷地がきまり、イギリスの設計、ただし費用は将軍の政府持ちで、完全な建物数棟がその敷地に造られていた。隣接の敷地は、同様の目的でフランス、オランダ、アメリカに与えられていた」

ここでいう「絶好の敷地」こそ、御殿山だったというわけである。

「絶好の敷地」とは、どういうことだろうか。

南に品川の海を望み、芝原に桜の木の林のある土地は、健康的な生活を送るには確かに絶好の土地であったろうし、その占める位置も横浜から江戸に入るまさにその入口であり、将軍の政府と開港地となるべき横浜をニラむ実によいところであった。

そうした意味から、外国の使臣たちにとって御殿山が「絶好の敷地」であったことは、まことにうなずける。

けれども外国の使臣たちにとっての「絶好の敷地」は、江戸市民にとっても「絶好の敷地」だった。サトウはそのことも十分に承知していて、つぎのような観察を下している。

「しかし、こうした場所に外国人が居住するのを日本人がきらっていることは、われわれにもわかっていた。役人や武士の階級は、台場の後方を見渡せる、こんなにも見晴らしのよくきく場所に外国人を住まわせることに反対していたし、一般庶民も、以前自分たちの遊楽地であったこの場所が『外夷』の居住地に変わるのを憤慨していた。したがって、この建物を逸早《いちはや》く完成して、早急に引き移ってしまうことが、政策上必要と考えられていた」

サトウの危惧の念は的中した。文久二年十二月十二日（一八六三年一月三十一日にあたる）夜、英国公使館は焼打ちにあって、その姿を消してしまう。これは単に火をつけて燃え上らせたというような素朴な放火ではなくて、火薬を使って焼き払ってしまった事件だった。現場には犯人が残したと思われるヤーケル銃一挺、鋸一挺、下駄が片足、遊女の艶書が一通落ちていたという。

実はこの焼打ちの主謀者は高杉晋作、志道聞多（井上馨）、久坂玄瑞、山尾庸三、品川弥二郎等々の、長州の過激派、そのころ御楯《みたて》組と称して江戸藩邸に集まっていた連中だった。

英国公使館の焼打ちは、事件としては過激きわまりないものではあったが、英国公使たちはまだこの建物に移り住んでいたわけではなかったし、そのときの公使館だった東禅寺じたいが焼打ちにあったり、生麦事件などの殺傷事件があったりした最中だったので、思いのほか大事件には発展しなかった。いわば幕府に対する嫌がらせ的な「攘夷」の事件として終ったのである。けれどもこの事件は、御殿山という江戸の名所を、それ以後の歴史のうえから抹殺してしまう役割を果した。

東海道線が御殿山を変えた

各国公使館が建設されるまえから、御殿山の土地は変貌をとげつつあった。品川の海にお台場を造るための埋立て工事で、御殿山の南側が削りとられたためである。けれどもそれは、御殿山に決定的なダメージを与えるものではなかった。御殿山の土地は、英国公使館が建設されようとし、その完成直後に焼打ちされて以降、ふっつりと歴史の表舞台から消えてしまうのである。

江戸の町の過半を占めた武家地、つまり大名や旗本たちの土地は、明治維新後に上地令というものがだされて、基本的には国に召上げられてしまう。

そしてそれらの土地は官有地として国の機関のための土地になってゆくのである。だから、本郷の東大のキャンパスはもとは加賀の前田家の藩邸であったとか、まとまった大型の敷地として継承されてゆく例が多く現われるのである。

御殿山は、維新後にそうしたはなばなしい公共施設となることなく、かといって公園や公共のレクリエーションの場となることもなく、ひっそりとした存在になってゆく。いわば、歴史から身を引いてしまうのである。

それでは、「御殿山なす人群の」と唄われた御殿山は、どのような生涯を送っていたのだろうか。この土地が幕末にお台場建設のために南端を削られたことについては、前に述べた。

明治になると、御殿山はもう一度削られる。それは明治五年に新橋・横浜間の鉄道が敷設されたときである。いまの東海道線だ。

東海道線はいまでこそ、かなり市街地の中ほどを走っているが、昔はほとんど海際を走っていた。これは線路が変ったためでなく、埋立てがすすんだためである。けれども御殿山にとっては、明治五年の鉄道工事がほとんど山を全滅させるものであった。

大正三年三月の『風俗画報』で、山下重民はつぎのように断じた。

「五年京浜間の鉄道を創設するに方《あた》り。山の東部を南北に横断して。更に光景を一変し。二十年以後山上家屋を建設するに至りて。此名所は終《つい》に全滅せり」

「全滅」とはおそろしい言葉だが、明治二十九年に刊行された『新撰東京名所図会』の編者のひとり山下重民の言うところであれば、文字どおりに受けとらねばなるまい。

だがここで、私流儀の解釈を加えるならば、御殿山がその性格を大きく変じたのは、明治五年の鉄道建設によってではなく、それ以前、文久二年の英国公使館焼打ちによってであったように思われるのである。

その時以来、御殿山の土地は江戸の名所であることはおろか、公けの脚光を浴びる土地であることすら、やめたように思われるのである。「全滅」とは、そのような激変を背後に秘めたものだと考えたい。

最高級邸宅地に変貌

山下重民の言葉にあった「二十年以後山上家屋を建設するに至りて」という言葉は、どういうことなのだろうか。

これこそ実は、公けの名所としての御殿山から、私的な土地としての御殿山への出発点を示すものなのだ。

御殿山には、明治二十八年の春から、大規模な邸宅の建設工事がはじまっていた。

邸宅の主は原六郎といった。

原六郎は幕末の志士から実業家・銀行家へと転身した人物である。

天保十三（一八四二）年に生まれた彼は、維新への前哨戦ともいうべき文久三（一八六三）年の生野の変に関係し、維新時には官軍側として上野の山に彰義隊を攻め、後には箱館の五稜郭攻撃の二の手応援に参加する。その後明治四年に渡米、イェール大学とロンドンのキングス・カレッジで経済学を学んで明治十年に帰国した。

明治十一年には第百国立銀行創設に参加し、その頭取となり、明治十六年には横浜正金銀行の頭取に転じている。彼はこの頭取を明治二十三年までつづけるが、頭取就任の翌年、明治十七年からは横浜市野毛に邸宅を構えていた。

横浜の原というと、現在その邸宅が三渓園として公開されている横浜の富商原富太郎を連想しがちであるが、三渓原富太郎とこの原六郎とは関係がない。ついでにここで述べておくと、この原六郎の家は養嗣子として原邦造がそのあとを継いだが、この原邦造より若い人で官吏から銀行家になった者に原邦道という人物がいて、原邦道は自分がしばしば原邦造に間違われて面はゆかったと回想している。どうも原家というのはこんがらがりやすい名家のようである。

ところで原六郎の方だが、彼は明治十七年いらい横浜の野毛に屋敷を構えていたものの、明治二十三年に横浜正金銀行頭取を辞めてしまうと、横浜に住んでいる必然性があまりなくなってしまう。

そんなところに、彼の後を継いで横浜正金銀行の頭取になった園田孝吉が訪れる。明治二十五年四月二十六日のことだ。用件は銀行のことではなく、邸宅用の土地の情報である。御殿山の土地を買わないか、というのだ。この土地はいま西郷従道《つぐみち》がもっているが、手放したいという。なかに立っているのは井上馨だから、是非買われてはいかがか、と。

そこで六月五日に彼は御殿山の土地を実地に見にゆき、九日には手付金一万円を払って契約をした。そしてこの年の十月十四日には、ここに引越しを完了するのである。

こう見てくると、いかにも原は直観的に一瞬のうちに土地購入を決意したように見えるが、おそらく彼はこの土地をじっくり見、そしてよく左右を眺めてから、ここに住もうと決意したにちがいない。

この土地が西郷従道邸であり、土地譲渡の口ききが井上馨と園田孝吉であれば、土地じたいにまったく問題はない。しかも西郷従道は、上目黒に「西郷山」とよばれる立派な邸宅をもっているのだから、この邸宅はいらないのであろう。

とすれば、つぎは近隣である。ひらたくいえば、お隣りさんだ。

これもまた、申し分ない。

御殿山に立って品川の海を眺めると、この右どなりには益田孝邸があり、左どなりには岩崎久弥の地所がある。

益田孝は三井の大立者であり、三井物産の創立者であり、後には三井合名の理事長として三井を統率してゆく人物であり、岩崎久弥は三菱の創立者岩崎弥太郎の長男である。

まさに土地のグレードとしては最高といってよいだろう。

益田孝は明治十年代から御殿山の西端に居をかまえ、つぎつぎに地所を拡げていったという。益田孝はこの御殿山の家で後の元帥大山巌と、山川捨松との見合いをさせている。明治十六年の暮れのことだったから、まだ原六郎が越してくる前だ。

このときには、当時のお隣りさんだった西郷従道も他の人々と一緒に同席している。お見合いは、外国語に堪能だった山川捨松（彼女は明治四年の岩倉使節団とともに渡米した五名の少女のひとりであり、益田の妹繁子もまたそのなかのひとりだった）が、シェークスピアの『ヴェニスの商人』のなかのポーシャをやり、他の若い人と芝居をやるという趣向のなかですすめられた。

益田孝はその『自叙益田孝翁伝』のなかで、こんな風に回想している。

「捨松さんのポオシャは英語でぺら〳〵裁判する。なか〳〵よく出来た。大山さんは眇《すがめ》であつたから、ほかを見て居る様な目付で其れを見て居られた。其内《そのうち》に、西郷さんが裸踊をされるやら、いやどうも、実に盛んな事であつた。西郷さんはあれでなか〳〵こまかゝつた。私は隣でよく知つて居るが、植木屋の勘定なぞも、自分でちやんと見て居られた」

これから察するに、御殿山の西郷邸は、庭園も手入れがゆきとどいていたのだろう。

政治家の邸地からブルジョワの邸地へ

東どなりの岩崎家の地所は、明治二十二年に伊藤博文から譲り受けたものだった。面積一万六五〇〇坪、価格は十万円である。明治三十六年から、この土地には久弥の叔父、岩崎弥之助が英人ジョサイア・コンドルに依頼して、宏壮な洋館を建設する。これは現在も遺る三菱の開東閣である。

もともとこの土地を購入したとき、久弥は米国留学中だったから、久弥の名義とはいえ、実質的には叔父の弥之助が購入したのである。そして久弥の本邸は湯島にあり、弥之助の本邸は駿河台にあったから、ここは別邸である。建物を建設する前に、土地は久弥の名義から正式に弥之助の名義に変えられていた。

弥之助は建物が最終的に完成する明治四十一年よりも少し早く、こちらに移りすんだ。長男の小弥太が結婚し、それまで弥之助が本邸としていた駿河台邸に住むことになったからである。この駿河台邸は、もともと弥之助が後藤象二郎の娘早苗と結婚したときに、後藤の屋敷の一部を「婿引出物」として贈られ、後に屋敷全部を譲りうけて住んでいたものだった。

弥之助としては、自分じしんで建てた邸宅に住みたかったのかもしれない。しかし、彼はこの新しい邸宅に引き移って半年もしない明治四十一年三月、病歿する。

明治四十一年の十一月になって、ここには小弥太夫妻が移り住むことになる。彼らは二、三年はこの土地に住んだようだが、やがて駿河台邸に戻った。

その後は、ここはもっぱら接客用に使用されたが、大正十二年の関東大震災で、岩崎家が深川にもっていた接客用の大邸宅である深川別邸（これもコンドル設計）が荒廃したため、この別邸がもっとも重要な接客施設となった。昭和十三年になって、この土地は小弥太から三菱社に提供され、正式に三菱の接客施設となった。

戦災で建物内部を焼失したが、この建物は基本的に同じ性格の建物として使われつづけている。

ちなみに、岩崎小弥太は後に駿河台の本邸を麻布鳥居坂に移し、和風を基調とした豪壮な邸宅を建てる。この建物は、惜しくも戦災で消滅、現在は国際文化会館が建てられているが、庭園には小弥太時代の面影が残っている。この庭をつくった庭師については本書の十二章で、そしてその土地については最終章で、ふたたびちらりと触れることになるだろう。

原六郎の方はどうしたであろう。彼は入手した地所に、まず古建築を移築した。これは

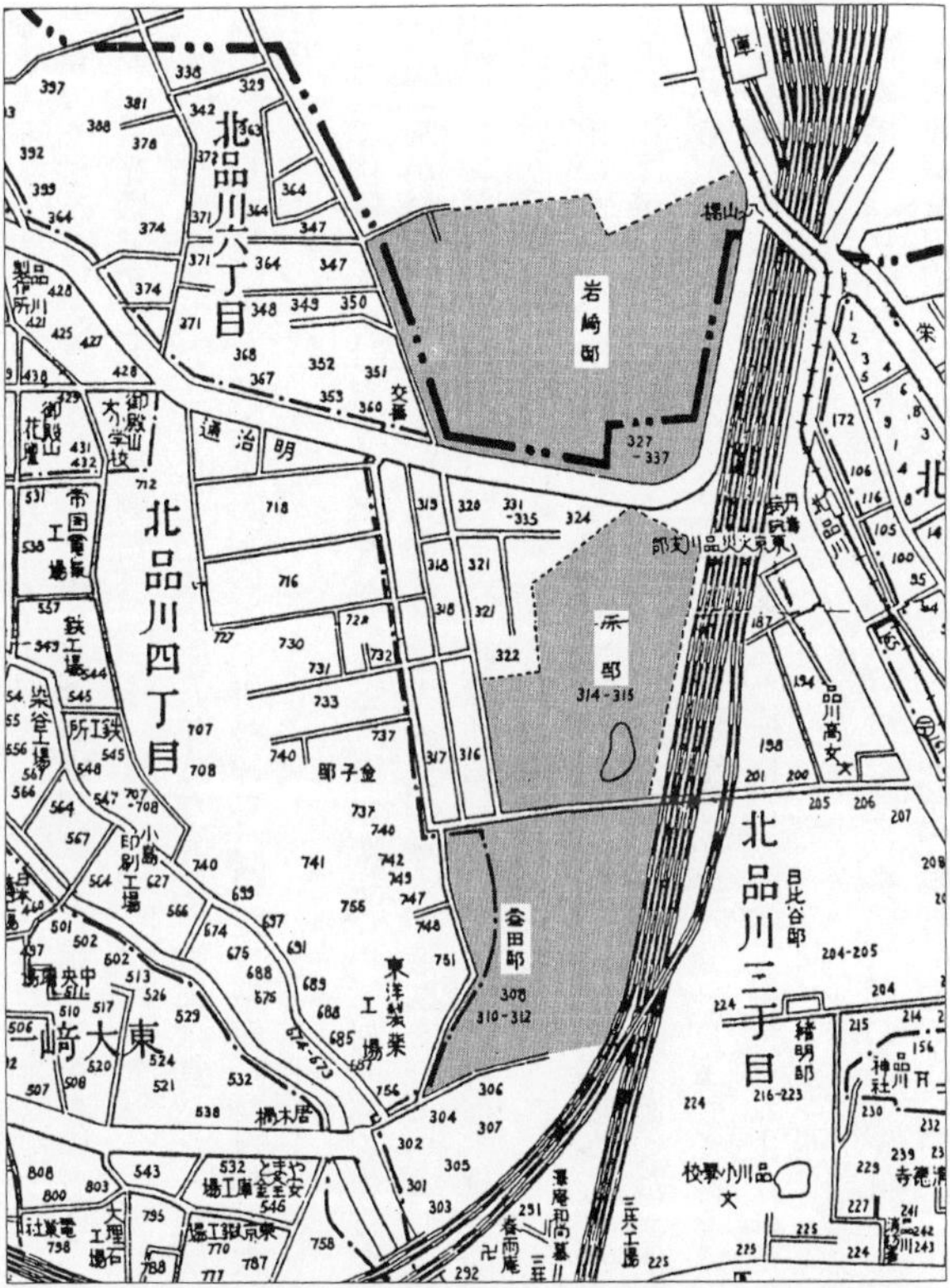

岩崎邸、原邸、益田邸が並ぶ昭和 8 年当時の御殿山
(内山模型製図社『品川区全図』より)

慶長年間に近江の三井寺に建立された日光院という客殿で、これを彼は慶長館と名づけた。三章でも触れたように、これこそ後に高橋箒庵が原家に頼んでもらい受け、護国寺客殿となり、月光殿と名を改める建物だ。

そして先にも述べたように、明治二十八年になって原六郎は堂々たる和風の邸宅を建設した。そして庭園は小沢圭次郎という、伊勢神宮の苑路も整備した当時の大家に作庭させた。

ここで両隣りの庭はどうかと見てみると、これがすごい。岩崎邸の方は洋館に合わせて洋風庭園がつくられ、洋風の造園技師の大家福羽《ふくば》逸人《はやと》が造園をしているし、益田邸の方も洋館はコンドルが設計したが、主人の和風趣味に対しては探古《たんこ》斎《さい》柏木貨一郎、魯堂仰木敬一郎という、やはり当代一流の人物たちが作庭などを行なった。

御殿山の土地は、明治初年を境として、公共の場所、政治の場所から、歴史の表には姿を現わしたがらない富裕なブルジョワたちの土地に変身したのであった。伊藤博文や西郷従道から、岩崎家や原六郎などの住いにこの土地がいっせいに変ってゆくことのうちに、近隣をあわせて、御殿山という土地全体の性格が、すべて符合するように変化をとげてゆく姿が浮び上ってくるのである。

御殿山は、私的な土地に変貌をとげた。原家では後に六郎のあとを継いだ邦造が昭和十二年、建築家渡辺仁に設計を依頼して、この土地に洋館を建てた。

渡辺仁は上野の博物館の本館、日比谷の第一生命館（GHQの本部になった）などの設計で知られる実力派の建築家である。原邸はそうした渡辺仁としてはモダンなアール・デコ風の邸宅である。建物全体にカーヴした壁面をもつ住宅は、戦前の本格的な洋風生活の場にふさわしいものだった。昭和の御殿山を代表する住宅といってよい。しかもこの住宅はいまも残されていて、訪れることもできる。現在「原美術館」となっている建物である。

その御殿山もいま、また大変貌をとげようとしている。

この土地を味わうなら、いまのうちだ。

6 港区芝

現代の「五秀六艶楼」のあるじ

——「さつまっぱら」と郷誠之助と日本電気の関係

「三田四国町」の由来

東京はいま、どこも工事中である。地価の上昇に見合った開発が必要なためなのか、それとも内需拡大策の反映なのか、大通りから裏通りまで、建設工事を見ない町はないほどだ。

「三四郎が東京で驚いたものは沢山ある。……凡《すべ》ての物が破壊されつゝある様に見える。さうして凡ての物が又同時に建設されつゝある様に見える。大変な動き方である」

夏目漱石が『三四郎』のなかでこう描いたのは明治末年の東京だが、この言葉は連綿とあてはまりつづけてきて、いままたそのうちのひとつのピークを迎えているような勢いだ。そうしたなかで、西新宿にゆけば東京都庁舎の建設工事がすさまじいスケールで進行中だが、東京には、もうひとつ迫力のある工事現場があった。

JR山手線の田町駅をおりて慶応大学の方に向って三田の商店街に入ってゆくと、圧倒的な重量感のある鉄骨が組み上りつつあるのが見えていた。木造の二階くらいの商店街の背後にそびえ立っていた重量鉄骨の姿は、中世の町のなかに巨大なスケールで建設されたキリスト教の大聖堂の工事もかくやと思わせた。

これは日本電気（NEC）の新本社建設工事の現場だった。このビルは巨大超高層ビルであるとともに、そのビルの中央に大きな風穴のような穴があいたかたちに完成して、尖った頂部とともに特異なシルエットを描いている。これもまた、東京の姿を大きく変えたビルだ。まさに「大変な動き方である」。

日本電気は、もとからこのビルの場所にあった。いまは港区芝五丁目ということになっているが、昔はこのあたりは芝区の三田四国町といった。日本電気の本社はこの三田四国町の二番地というところだったのである。明治以来、会社の本拠地はずっとここだったのだが、地名の方だけが変ってしまったのだ。

三田四国町というのは、その名のとおり、もとは四国の大名たちの武家屋敷があったからだという説と、いや、そうではなくて四カ国の大名の屋敷が集まっていたからだという説とがある。

すなわち昔、ここに阿波の徳島、土佐の高知、讃岐《さぬき》の高松、伊予の松山の各藩邸があったという説と、鹿児島、徳島、挙母《ころも》、因州新田の四カ国の藩邸があったという説である。

嘉永三年の切絵図によると、このあたりには水野大監物、内藤丹波守、松平長八郎、松平壱岐守、薩摩宰相殿などの名が見える。

このうちの水野邸は、赤穂浪士の討入りのあと、神崎与五郎以下八名が切腹したところだという。

文久元年の江戸絵図では、このあたりに松平修理大夫、松平伊勢守、内藤山城守、松平阿波守、水野和泉守、仁賀保主税助、有浦靫負、松平長八郎らの屋敷があった。

明治五年にこれらの敷地が全体として三田四国町と名づけられることになるのだが、もっとも広い薩摩宰相殿の屋敷地は空地の原っぱになっていて、「薩摩原《さつまっぱら》」という市電の停留所があった。あとでこれは「三田」の停留所になるのだが、この頃は「薩摩原」だったのである。

これも「さつまはら」と読んではいけなかったようで、江戸っ児の発音は「さつまっぱら」、それ以外の発音は田舎者ということになっていた。

この広大な薩摩屋敷の跡は、三田四国町の中核をなしてゆく。そしてここがほぼ、後には三田四国町の二番地ということになるらしい。

三田四国町は一番地から三三番地まであるのだが、その三分の二くらいは二番地で占められるのである。

けれども薩摩屋敷の跡地が最初から二番地ではなかったようで、明治の初年には、ここは「第二大区八小区三田四国町一番地」といわれていた。しかもこれが薩摩屋敷のすべてでもなくて、早い時期に薩摩屋敷南端の部分は切り離されて芝新堀町（いまの港区芝二丁目のあたり）になっている。

さて、ここでの物語は「第二大区八小区三田四国町一番地」に変貌した旧薩摩屋敷が、

嘉永3（1850）年当時の三田四国町付近

日本電気の本社工場用地となるまでの間に、この土地にちらりと顔を出す人々が主役なのである。時代はちょうど明治の初年から末年までといってよかろう。

土地の流動化を促した「桑茶令」

もとの薩摩屋敷、明治維新になってからは「薩摩っ原」となっていた土地はどのような歴史をたどるのか。

この土地には、明治十年九月三十日に「勧農局育種場」というものが開場している。

大変むずかしい名前だが、要するにこれは農事試験場だと考えればよい施設だ。山手線の田町のそば、いまからはとても想像のできないことだが、ここに農事試験場があったのである。

この裏には、明治初期の混乱した東京像がある。

維新後の東京は、一時見るかげもなく衰退した。慶応四年四月七日には「朝廷諸侯ニ令シテ、家眷臣隷ノ江戸ニ在ル者ヲ封地ニ移ス」とされた。つまり、諸国の藩士たちを国元へ戻したのである。

江戸時代の武士たちは、旗本たちは拝領屋敷というのに住み、諸国の江戸詰めの藩士たちはそれぞれ各藩の上屋敷、中屋敷、下屋敷などに住んでいた。こうした屋敷は幕府によって与えられたものだから、いわば官舎のようなものである。

幕府の滅亡とともに、武士たちはその屋敷を出て国元に帰されたのであり、旗本たちの多くも、将軍が新しく一大名となって住むことになった静岡へと下っていった。乱暴ないいかたをすれば、会社が潰れて社員一同社宅を追出された格好である。

こうして主を失った武家屋敷は、明治政府によって没収されてゆく。これが「上地《じょうち》」である。

上地した土地は新しい政府の施設になったり、官員たちの官舎になったりして、新しく再配分されてゆくことになる。けれども江戸全体を使うような施設群はまだないので、新しく生まれた東京は、そこらじゅうが「薩摩っ原《て》」のようなものだった。

明治二年の六月には「数千ケ所之上地ニ而当今草生茂リ、其上乞食体之者所々へ露宿致シ行倒人等モ有レ之」という状態だった。

そこでこの年の八月二十日、「太政官布告シテ、府下邸宅上収地ヲ拓開シテ、桑田茶圃ト為サシム」ということになった。

これが有名な「桑茶令」というものだ。

「桑茶令」とはなにか。

それは、空地となってしまった武士や大名の屋敷を桑畑や茶畑にしてしまおうというものだ。

第二次大戦の末期から戦後にかけて、食糧増産のかけごえとともに、庭や道路までも掘っくり返してイモ畑などを作ったことがあるが、それに似ないでもない風景が生じたことだろう。

「桑茶令」の第一義は、遊休地となってしまった武家屋敷の活用にあるが、何故それが桑畑や茶畑になったかといえば、食糧増産ではなくて、換金作物の耕作のためである。

桑畑は蚕《かいこ》をかって絹糸をつくるためである。生糸と茶は、日本がそのころ考えられるほとんどそれしかない輸出商品だった。東京をそうした第一次産業の生産のために使う、つまり農業都市化しようとするのが「桑茶令」だったのである。

これで、江戸時代を通じて丹精を込めて営まれつづけてきた武家の庭園の多くが荒廃に帰した。

「勧農局育種場」をつくろうという考えも、農業国家を建設するというヴィジョンと結びついたものといえるだろう。

けれども「桑茶令」の実施は、もうひとつ、大きな側面をもっていたように思われるのである。

それは、「桑茶令」をきっかけにして、武家の屋敷に町人たちが入り込みはじめたのではないかということだ。

もともと慶応四年七月には「武家地へ商人共差置候儀一切難ニ相成ニ《あいなりがたし》」という市政裁判所からの通達がでている。

武家地というのは武士や大名が住んだりつかったりしていた土地のことで、町人たちが住んでいた町人地とは、はっきり区別されていた。江戸の町奉行が支配するのはこの町人地で、武家地は別の世界のようなものだ。

江戸にはこのほか、寺院や神社の境内など、寺社地とよばれるものがあった。ここは寺社奉行の支配下におかれる。

だから、もともとの江戸は、武家地と寺社地と町人地という、住む者の身分もちがえば用途もちがい、支配系統もちがう土地からなり立っていたのである。これらの土地は、まったく種類がちがっていた。明治の土地政策は、まずこれらの土地を一元化して、そこに地租という土地税をかけてゆくところからはじまるのだが、その過渡期には、武家地が町人たちに蚕食されるのを防ぐ意思が政府にはあったらしい。

慶応四年の通達のあとにも、明治三年四月十四日にはつぎのような通達が出されている。それは武家地の使い方、住み方にかんするものなのだが、そのなかで、維新前から町人が金を支払って手に入れていた家屋敷は町人が使いつづけてもいいが、「尤《もっとも》見世商ひは為レ致間敷《まじく》哉之事」と、店を出してはいけないと規定したり、「武士地に住居之町人共暖簾《のれん》を掛公然と見世商ひ致し居候もの」について「是は甚不レ可レ然《しかるべからず》儀……」と強く禁止したりしている。

けれどもその一方で、「桑茶令」の実施要領を定めた明治二年八月二十日の東京府の「規則」のなかには、つぎの一条がある。

「一、桑茶植付度《たき》見込之者ハ、身分ニ不レ拘、場処見立可二願出一、入札之上、地所買下可二申付一候。地所拝借ニ而右両種植付度者ハ、願次第吟味之上申付候間、地代上納致候儀ト可二想得一候事」（傍点著者）

つまり、「規則」のこの部分は、桑茶を植えたい者は好きなところを見つけて申し出ろ、入札で払下げてやる。土地を借りてやりたい者は地代を払って行なえ、というものだ。

この部分に「身分ニ不レ拘《かかわらず》」という言葉がでてくるのが注目される。つまり、華族や士族でなくとも、平民つまり町人たちであってもいいから、桑茶植付けの事業に応募せよといっているのだ。この言葉は、「規則」のなかに何度か出てくるので、意図的に入れられたものであることが知られる。

これが、武家地に町人たちが権利を浸透させてゆく大きなきっかけになったのではないかと思われるのである。蚕をかうための桑畑によって、町人たちが文字通りに武家地を蚕食しはじめたのではないかと思われるのである。

三田育種場の変遷

さて、ここでふたたび三田四国町の「勧農局育種場」に話をもどそう。

ここに「育種場」をつくろうという話は、明治七年二月二日にはじまった。この日、「試験地御買入之儀ニ付伺」というものが出される。

これは、明治五年に内藤新宿に設けられた内務省勧業寮の試験場（これはこのあと、新宿御苑になる）の土地が、麦や棉、藍などをつくるのには土質が適していないから、「三田四国町元島津氏邸跡地約四万坪ヲ買収シ」、新しい試験場をつくってはどうかという提案であった。

この伺書が出たときには下準備は整っていたものと見えて、二月十二日にはOKが出て、二月二十四日には元島津邸跡地のうち、三万一四二九坪五合を一万五千九百四十五円で買入れることが決っている。坪当りの値段は一円九十七銭ほどである。

問題はこの土地を、政府が誰から買ったかである。

この土地の代金は「持主」である福島嘉兵衛、福島浅太郎、塚本太七、広瀬貞右衛門の四人に支払われている。彼らはいずれも「東京府下平民」とある。

こうして政府が買入れた土地は「三田培養地」といわれ、後に「三田育種場」と名を改めて明治十年九月三十日に開場するのである。

この日、開場式のあと、ここで競馬が行なわれた。東京における競馬のはじめという。このあとも、育種場馬場をつかって、木村荘平という人が興農競馬を行なうことになる。

江戸から東京への歴史をたどるとき、旧大名邸が政府の大規模施設に転用されたということが、しばしば指摘される。江戸城が皇居になったのをはじめ、加賀の前田家の屋敷が東大の本郷キャンパスになり、旧島原藩邸が慶応大学の三田校舎になった、などがこれである。

けれども、三田育種場の場合、旧薩摩屋敷がそのまま政府の施設に転用されたのではなく、すでにしっかり食い込んでいたもとの町人たちからこの土地を買収しなおしているのである。

維新を経て江戸から東京へという変化の裏には、すばやい土地の動きがあったように思われてならない。そしてその動きは「桑茶令」をひとつの手段としたものではなかったか。

これが私の想像である。

三田育種場となる土地の場合、「持主」の福島嘉兵衛らは、このとき、土地を質入れしており、質流れになってしまう期限が二月二十八日に迫っていた。

「試験地御買入代金御渡之儀ニ付伺」という二月二十四日付の文書には、こんな文面がある。

「尤右地所之儀ハ当時質入相成居来ル二十八日限リ金子不相渡候而ハ流地ニ相成候条約趣ニ有之期限切迫之儀ニ付至急御指揮相成度依之沽券《こけん》写相副此段相伺候也」

つまり、質流れになる前になんとか金を払ってやってほしいということである。結局この金は急いで支払われるのだが、こうしたところからも、彼ら「持主」たちが利にさとい一種の冒険商人たちではなかったかと思われてくる。

三田育種場の歴史じたいは、ここで詳しくたどる余裕がない。『農務顛末』、『明治前期勧農事蹟輯録』などという書物が、資料を添えて育種場史を記録しているのに当っていただきたい。

大きな流れだけをたどると、三田育種場には、明治十二年に敷地の南端に農具製作所が

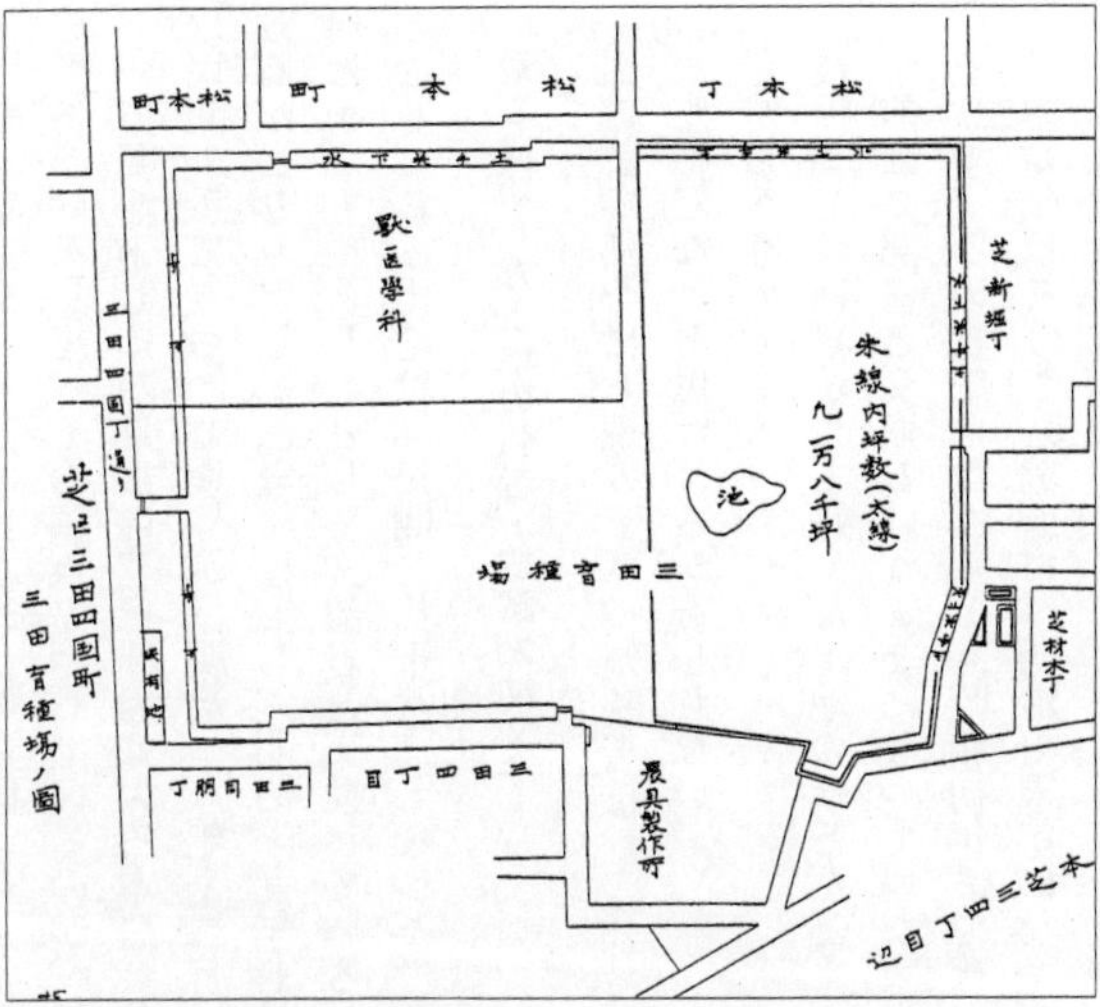

三田育種場。池のある一画が三井へ、残りが郷純造に払下げられた
（農商務省『農務顛末（第二十四冊）』より）

つくられ、これは翌年三田農具製作所となって育種場から独立し、勧農局直属となっている。時代は、そして東京は、農業のなかからも工業化へのきざしが現われるのである。

三田農具製作所は、農場で使うための農機具製作のための工場である。やがてそれにさそわれるように、この周辺には当時のパイオニア的な町工場ができはじめる。いまでも、このあたりを歩いてみると、小さな住宅が密集し、その間に実にさまざまな中小の工場がある。これは、大きくいえば明治十二年設立の三田農具製作所以来の伝統なのであり、東京が、そして日本が、農業国から工業国へとかわっていった歴史を示すものなのである。そして、その頂点を示しているのが、日本電気の超高層本社というわけだ。

一方明治十七年四月には、育種場は大日本農会という団体に委託される。そうして事業は民間の手にうつってゆくが、明治十八年十二月にはこの土地の北西の角約八七〇〇坪を政府がとりもどして獣医学校とし、明治十九年七月には東半分の一万九〇〇〇坪ほどを政府はまたもやとりもどして文部省と交換している。そしてこの年、十一月には全面的返還となり、この土地は「民間ニ払下ゲ」となった。

最も成功した土地の強者・郷誠之助父子

ここまで熱心にお読み下さった読者は、「ははあ、ここで日本電気がこの土地を払下げられたのだな」と思われるかもしれない。

だがちがうのである。

最後まで育種場として残った土地のほとんどすべては郷純造という人物の所有に帰した。少し前に文部省と交換ということになっていた東半分の土地は三井家の手に入った。そして、この状態は少なくとも昭和初年まではつづくのである。

日本電気はそうした場所に、明治の末年になってから苦労して土地を入手するのである。日本電気は、はじめ同じ町内にあった三吉電機という会社の工場を買収して明治三十一年八月三十一日に設立される。しかしこの工場はすぐに手ぜまに感じられるようになり、少し離れたところだが、同じ町内、同じ番地の現在地の入手を目ざすのである。

明治三十三年九月十一日に三井銀行から土地を入手し、その後、四度にわたって土地を買い、いまの本社用地が手に入る。

昭和9年の三田四国町

(区立みなと図書館『近代沿革図集』より)

最初は二度にわたって三井銀行から約三〇〇〇坪を買い、つぎにその西側を二度にわたって郷誠之助から三〇〇〇坪強買うのである。最後の取得は明治四十四年四月二十八日だった。

ここにあらわれる郷誠之助は、戦前の財界の大立者として知られる人物であり、最初に育種場の土地を払下げてもらった郷純造の息子である。

日本電気はこうして六六〇

○坪強の本社工場用地を手に入れたが、その西側に郷誠之助は七六〇〇坪強の土地をもちつづけ、三井もまた六〇〇〇坪強の土地をもちつづけていたのである。

いよいよここで、郷誠之助の父親、郷純造なる人物に登場してもらおう。

郷純造は文政八（一八二五）年四月二十六日に岐阜の農家に生まれ、苦労して江戸に出て、幕府の御作事方勘定役というところまでなり、明治の新政府にもまた仕えて、会計局組頭から、最後は大蔵次官となって明治二十一年に退官している。

彼は節約に節約を重ねて金をため、維新のときに諸所に土地を買った。これが財をなすもととなったのである。息子の誠之助は、こう回想している。

「当時は駿河台でさへ坪一円といふ時代ではあつたが、何しろ安かつた。父は此所（自邸）ばかりでなく山本達雄男爵の屋敷だとか、三田の四国町だとか、神田の三崎町だとか、浜町の一帯など、各所に土地を買つて土地価格の自然増加で大分儲けた」（『男爵郷誠之助君伝』二二七頁）

ここにちらりとあらわれる「三田の四国町」こそが、育種場の跡地である。

明治期の政府の高官たちは、こうして土地を入手する者がすこぶる多かった。「桑茶令」時代の冒険商人たちにかわって、明治の中ごろからは、官員たちの土地取得が本格化するのである。三田の四国町は、そういう各時代の土地のあり方を、ひととおりすべて経験した土地だといえるだろう。

大名邸から町人の手へ、そこから政府用地に、そして政府高官の手に入り、後に一部が企業の土地になる。これがその歴史だ。

郷誠之助の方は、父親の純造から相続した三田四国町の土地を日本電気に譲渡しただけの存在かといえば、そういうわけではない。郷誠之助は、彼じしんとしても三田四国町とはかなりのつきあいをしている。それは、日本鉛管製造会社という、水道管やガス管をつくる会社を通じてであった。彼はこの会社を三井物産を経由して引き受けることになり、それを戦前まで維持しつづけるのである。彼じしんは、その発端をこう語っている。

「日本鉛管製造会社は三井物産の益田孝が我輩のところに持込んだものである。この会社は後藤象二郎の女婿で若山鉉吉といふ技術家が、鉛管製造についての技術を考案し、これを基礎にして出来たもので、資本金十万円、四分ノ一払込みの会社であつた。事業の計画や考案はよかつたが、実際やつてみると仲々その通りの製品が出来ない。偏肉といつて片側だけ鉛の厚い管が出来たりして完全に仕上らないので、折角の製品も売出すことが出来ない。従つて会社は極めて業績不振で苦境に陥つたのを、何んとか打開の道を講じなければならぬといふことになつて、我輩のところに持ち込まれたものである」

(『男爵郷誠之助君伝』二四三頁)

何故彼がこの、当時はうまく行っていなかった会社を引き受けたかを考えると、そこで三田四国町に行き当るのである。

というのも、この製造所は、本工場を三田四国町に、分工場を大阪市北区南森町にもっていたからである。その開業は明治二十九年三月六日で、後藤象二郎の女婿で若山鉉吉という技師が考案創始したものだった。その当時は若山鉛管製造所といった。この会社の原料の輸入から、製品販売までの一切は三井物産が引き受けていた。

この会社を郷誠之助が明治三十一年三月一日に引き受けて、会社名称も日本鉛管製造株式会社とし、彼が社長に就任したのである。おそらく彼のもとにこの会社引受けの話が持込まれた理由は、彼が三田四国町の大地主であったためであろう。ビジネスというものは、意外に地縁を介して訪れてくるものだ。

郷誠之助は、この会社を明治三十八年に彼個人の所有として名称も日本鉛管製造所に改めた。彼はこの会社を生涯経営しつづけ、その歿後は息子の郷昇作に継がせている。

土地の一部は日本電気に売却したものの、郷家と三田四国町の縁は切れることなく続いていたのである。

こうして三田四国町を舞台にした土地の物語は、現在の超高層ビルへとつながってゆく

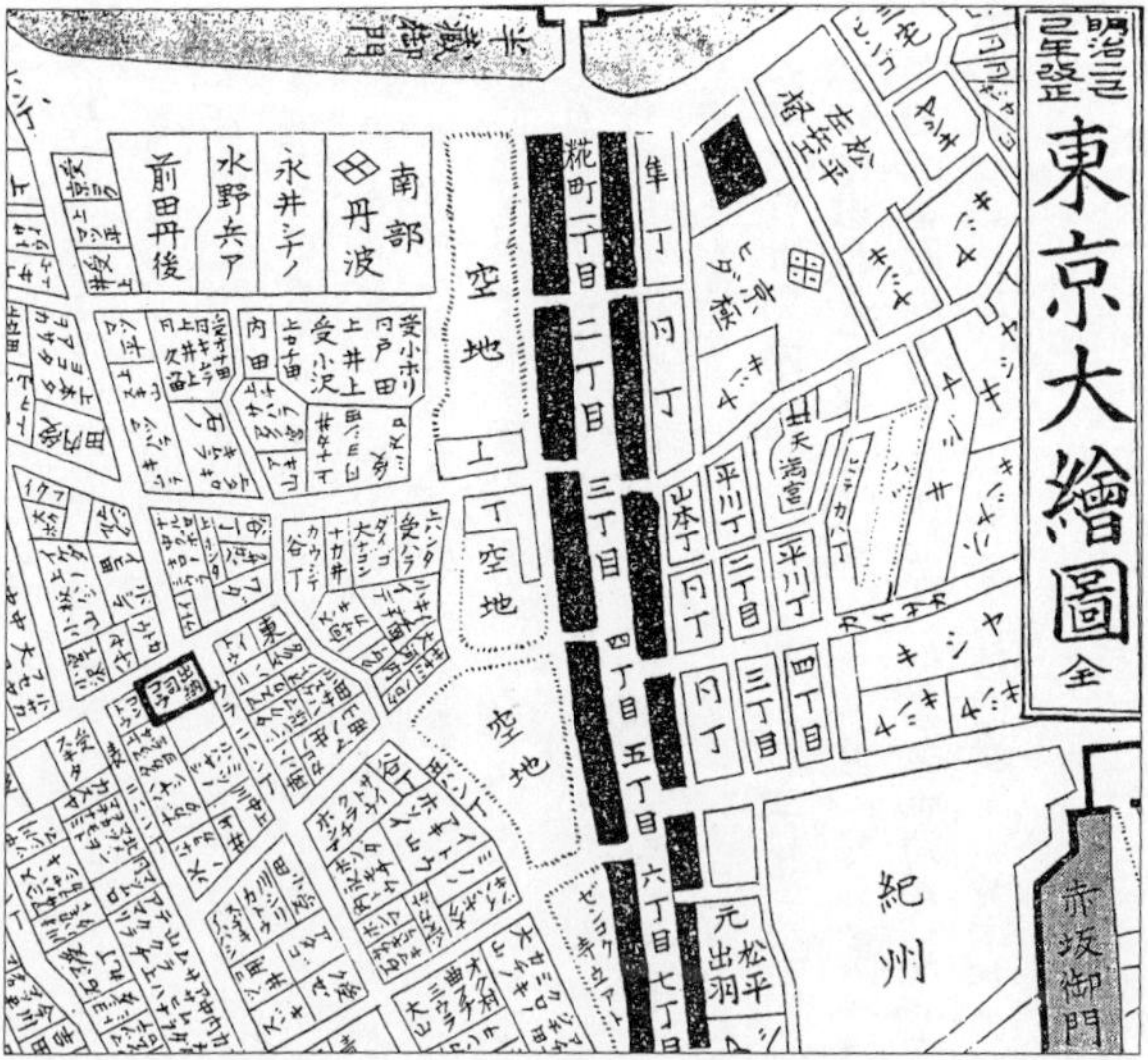

明治２年の麹町二番町付近。左側黒枠「出納司コウ」が郷の「五秀六艶楼」

のだが、その土地を売った郷誠之助の本邸はどのようなものだったのだろうか。

郷誠之助の後半生に影を投げている疑惑の事件、「帝人事件」につながる「番町会」という会がある。「番町会」というのは、麹町二番町にあった郷誠之助邸に集まっていた財界人のグループの名称だ。

集まっていたのは郷誠之助の財界人としての後輩というべき、正力松太郎、中野金次郎、河合良成、伊藤忠兵衛、岩倉具光、永野護、松岡潤吉、春田茂、渋沢正雄、金子喜代太、後藤国彦ら。彼らは郷邸で毎月一回食事をともにしていたのであった。

帝人事件じたいは帝國人造絹絲株式会社の株式を日銀の担保から引き出して財界人たちで引き受けるという筋書きにまつわる疑獄事件である。昭和八年のことだ。永野護（山叶証券重役）、河合良成（日華生命常務・東大講師）、小林中（富国徴兵保険支配人）などという、当時の新進財界人たちが関係し、鳩山一郎文部大臣、中島久万吉商工大臣、三土《みつち》忠造鉄道大臣らの名も出た帝人事件は、戦前の一大スキャンダルであったし、「番町会」という財界人グループの名も同時に人々の記憶に深く刻み込まれた。

郷誠之助の本邸が麴町二番町にあり、そこに集まったから番町会なのだと言ってしまえばそれまでの話であるが、郷誠之助という人は、日本鉛管製造株式会社の引受けを見ても解るとおり、地縁的な結びつきを重んずる人ではなかったのか。それであればこそ、自邸で会食をともにする財界人グループに、本邸所在地に由来する名前をつけていたのではないか。どうも郷誠之助には、父親から受けついだ土地への信仰と言うべきものが流れていたように思われてならない。

この二番町の屋敷こそ、誠之助の父純造が、明治元年九月に買った土地買入れのはじめの場所であった。このとき純造は旧旗本の青木某の屋敷九〇〇坪を五十六円で買ったという。

いくら何でもこれは安い買物だったと、彼は後になって書家の巌谷《いわや》一六《いちろく》にたのんで、五十六円の屋敷だから、「五十六円楼」と書いてもらおうとした。巌谷はそれを少しシャレて「五秀六艶楼」として額に入れたという。

明治以降の東京の土地物語のなかで、もっとも成功した土地の強者の住いとして、「五秀六艶楼」という名は記憶されるべきだろう。

いま、かつての三田四国町に建つ超高層ビルの姿をみると、ふと、ああこれが現代版の「五秀六艶楼」なのかなと、奇妙な感慨に打たれてしまったりするのだ。

7　新宿区―新宿御苑

幻と化した「新宿ヴェルサイユ宮殿」

――造園家・福羽逸人の構想と三代の聖域

皇居前広場は洋風庭園の草わけ

明治の文化が、それまでの和風に対して洋風をもたらすものだというとき、和と洋の関係はどうなっていたのだろうか。

有名な概念に「和魂洋才」という言葉がある。精神は日本、技術は西洋だと割り切ろうとする考え方だとも受けとれるし、圧倒的な西欧文明の力を前にしたときの、日本人の悲痛な叫びだとも考えられる。

技術や制度など、それまでの日本にはほとんど存在しなかった分野の場合には、和魂洋才の見極めは、かえってつきやすかったかもしれない。造船、医学、法律などは、和船、東洋医学、それまでの訴訟のやり方などを切り捨てるかたちで、西洋流の方法が行なわれることになった。

けれども、絵画、音楽、建築、造園など、それまで日本に深い伝統が形成されており、またその領域が公けの世界だけでなく私的な楽しみにも密接にむすびついているような領域では、単純に和風を切り捨て、洋風を採るというようなわけにはゆかなかった。

新しい傾向として、また公的な性格のものとして、洋風の絵画や音楽、建築や造園は日本にも入ってきたけれど、それまでの和風の伝統がそこで死に絶えてしまったわけではなかった。和風と洋風が混在し、公私の世界で使いわけられたり、洋風が徐々に和風を圧していったりするこれらのジャンルでは、他の明快な洋風導入の分野に比べて、一層の切実さをもって「和魂洋才」の問題が意識されたにちがいない。

造園の分野にあって、このような問題は長くつづく、根深い問題であった。

庭つくりといえば、石の燈籠やつくばいを配し、刈り込んだ松やつつじなどを思い浮べるくらい、和風の伝統が根強い。日本の伝統芸術として、庭園芸術は今もなお外国人に強い印象を与える。

しかしその一方で、洋風の建物が建ちならび、都市ぜんたいが洋風化してくると、それにふさわしい洋風庭園の整備が必要ではないかとの声も上るようになってくる。この、庭園の洋風化が極めて早い時期に行なわれるのが、実はもとの江戸城の前、いまの皇居前広場のあたりである。

明治二年三月二十八日に、それまで徳川将軍家の居城であった江戸城を皇居と改称する。

やがて明治十年十一月、西南戦争もおさまった頃、皇居の周辺を整備して、木を植えたいという計画が東京府知事から提出される。この計画によってカエデ、マツ、ヤナギ、クルミなどが植えられたが、これらの木は三カ月もたたないうちに枯れはじめてしまった。このときは、あわてて植え替え工事などが行なわれたが、これはどうも、植栽工事の知識の十分でなかった者が担当したためではなかったか。

この後、明治二十一年頃から、皇居前には何期かに分けて、芝生を張る工事が行なわれている。こうして、和洋折衷ともいうべき現在の皇居前広場の整備がそのすがたを示すようになるのである。

けれども、洋風の造園技術、植物学の知識は、明治初年にあってはまだまだ稚拙なものであったらしい。

だいいち、植物の名前も、現物と引きくらべないとなかなか理解できない。今でもたとえば翻訳をするとき困るのだが、英語でオークという木があるのを樫《かし》の木と訳すべきなのか、ミズナラなのだという話もあるので、いつも迷う。

明治の頃にはずいぶん面白いこともあったらしく、英語で茄子《なす》のことをエッグプラントというので、その種子を手に入れた農学者たちは「卵の木」とははて何だろうと興味津々、大事に育ててみたら茄子がなったので、「なあんだ」ということになったという話もある。

日比谷公園の花壇を手がけた人物たち

こうした時代、造園を手がける分野として可能性があったのは、従来からの日本的造園を手がけてきた庭師の系統、新しい学問としての林学者たちの系統、そして野菜や作物の改良も行なう園芸学者たちの系統、さらには建物や都市の設計をする建築家たちの系統である。

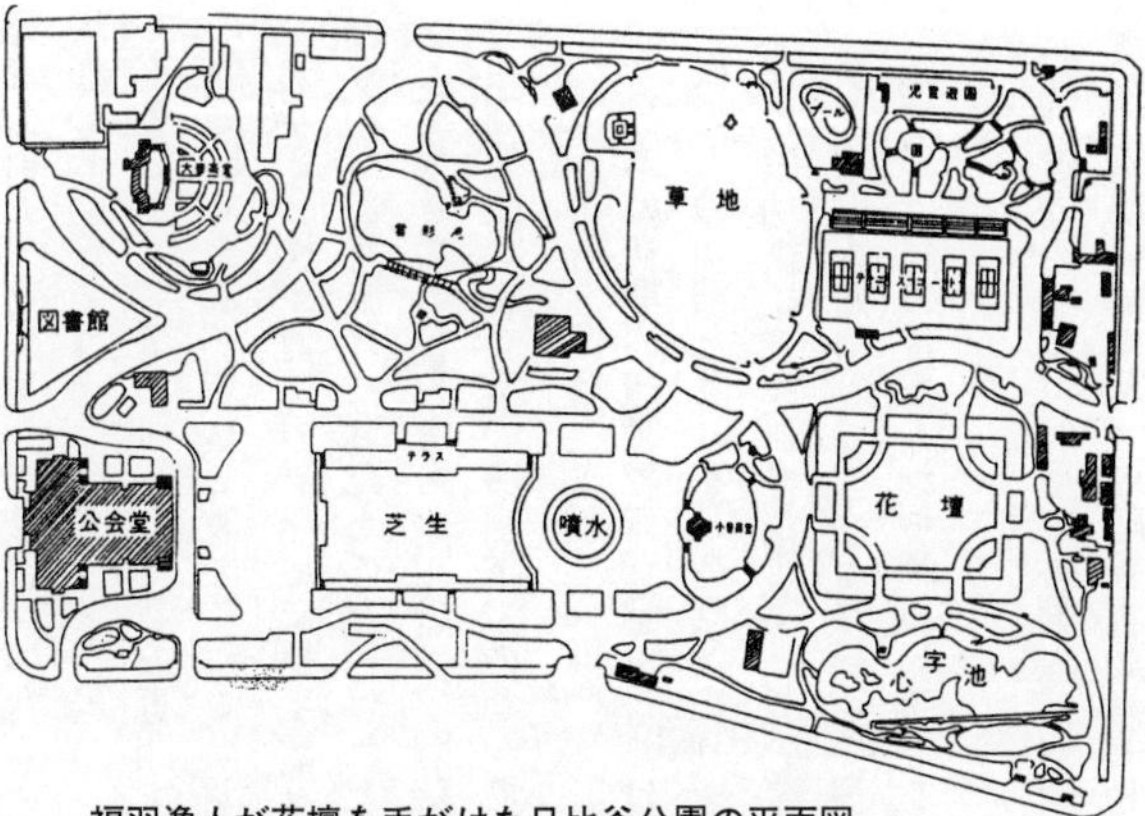

福羽逸人が花壇を手がけた日比谷公園の平面図

このそれぞれの分野の人々が、いずれも造園を手がける可能性を秘めていた。そして彼らが一堂に会することも、まれにはあったのである。

明治二十二年、東京の本格的都市計画事業としてスタートした市区改正によって生まれた日比谷公園がそれである。もと練兵場として使われていた土地の半分ほどを公園とすることにしたものだが、東京の中心部、皇居と目と鼻の先につくられる公園だけに、注目をあつめた。

最初は芝生だけの原っぱに近いものだったらしいが、明治二十七年に日本園芸会という団体が案を出したり、建築家の辰野金吾が設計をしたりしたが、結局どの案もまとまらなかった。

最終的には、林学博士の本多静六が洋風庭

園を設計し、日本庭園は小沢圭次郎が、花壇は園芸学の福羽逸人《ふくばはやと》が設計することになり、現在の公園ができ上った。

本多静六はドイツ帰りの林学の専門家、小沢圭次郎は明治の庭園史にも詳しい伝統庭園の作庭家である。そして最後に残る福羽逸人は園芸と造園をともに手がけた人物であった。日本の公園や庭園は林学者、園芸家、そして伝統的な作庭家たちという、三つの系統の人々がつくり上げてきたものだ。けれども、そのなかで明治初期の新しい庭園づくりにもっとも大きな影響力をもったのは、園芸家であった。造園界の長老であった上原敬二は、その回想記『談話室の造園学』のなかで、こんなことを言っている。

「日本の初期の造園教育、学校における造園教育、講義、その人材の輩出は、園芸の領域の人の功績とされる。造園はそれを追ったのである。明治時代、宮内省内苑寮の福羽逸人の功績は大きい。(中略)しかし当時の宮内省は何分にも『天上の居』に均《ひと》しく、我々民間人の寄りつく術もない遠い彼方にあり、消息を知る由もなかった。新宿御苑の如き、庶民の足も入れられぬ秘苑であったのだ」

福羽逸人の名は、お雇い外国人ジョサイア・コンドルの後期の大作として名高い東京高輪の岩崎邸「開東閣」の庭園設計者としても現われる。

この邸宅は現在も残されており、広々とした洋風庭園は、往時の面影をよく止めている。コンドルは建築家であったけれど、英国人らしく庭園にも大きな興味をもっており、日本の庭園についての大きな本をまとめたりしている。同時に彼は庭園の設計も自ら行なっていて、たとえば東京の北区西ヶ原に現在も残る古河邸の場合、邸館の設計とともに洋風庭園の部分は自ら設計している。余談ではあるが、この邸宅の日本庭園の部分は小川治兵衛が作庭した。

そうした見識をもっていたコンドルが、開東閣の庭園にはなぜ日本人福羽逸人という人物に庭園設計をまかせたのか。その理由はいまもまだはっきりとは解らないのだが、福羽逸人については少しだけ解ってきた。

福羽逸人と「福羽いちご」

福羽逸人は安政三（一八五六）年十二月十六日に津和野藩士佐々布利厚の三男として津和野に生まれた。三歳のとき父をうしない、母の手で兄たちとともに育ち、藩校の養老館に学んだ。明治三年に一時上京したあと、明治五年にふたたび上京し、その頃番町にあった陪達義塾というところに寄宿し、普通学とドイツ語を「ヲスカール・フォン・トルプ」という人物から習ったと、彼は後年書き記している。

この年、彼は旧津和野藩士だった福羽美静《びせい》の養子となる。

この福羽美静という人は天保二（一八三一）年に生まれ、国学を学んで平田銕胤《かねたね》の門に入り、藩学の養老館の教師をしていた人物で、維新期に津和野藩を代表する勤王の志士となり、藩主亀井茲監《これかね》のもとで奔走した人である。維新が成ってからは、神祇事務局権判事となり、明治天皇に『古事記』を進講したり、侍講となったりして、明治四年には歌道御用掛をした。逸人を養子にむかえた明治五年には、教部大輔というのになっている。

さて、福羽逸人の方だが、一時工部省工学寮小学校（これは後に工部大学校になる大学への進学課程だ）に入学したあと、明治八年に東京農学社に入学している。この時期、農学は国の基本的な技術分野であり、その近代化は極めて重要なものと考えられていた。明治十年十二月十一日、彼は勧農局試験場農業生となって、いよいよこの道の第一歩を踏む。

そして明治十二年五月十九日になって、いよいよ配属が決る。彼の自筆による『回顧録』中には、この日付でつぎのように記載されている。

「三田育種場詰申付ラレ翌日ヲ以テ更ニ植物御苑掛申付ラレタリ」

ここでいう「植物御苑」とは、いまの新宿御苑である。

その後の彼の活動は、実に多岐にわたった。

明治十九年からフランスとドイツに留学して、ブドウの栽培法などを研究し、帰国してからは内国勧業博覧会の審査官などを務め、国内の農業、園芸の進歩をうながす一方、自らも園芸の分野での品種改良に努力した。

そのなかでもっとも一般に知られたものはいちごの品種改良で、「福羽いちご」と名づけられた品種は、少し前までは極めてポピュラーだった。

いちご以外にも彼はオリーブを日本に導入したり、菊の品種改良を試みたりと、実に幅広く手がけている。

そうするうちに彼の養父である福羽美静は維新の功によって、とんとん拍子に偉くなり、東京学士会院会員、宮内省編修局事務主任などをして、明治二十年には子爵となった。明治二十三年には元老院議官から貴族院議員に選ばれている。

こうした父親の影響か、彼は明治二十四年には御料局技師に任じられて奏任官四等となった。以後は皇室の御苑や離宮などの園芸、庭園を担当する任に当ることになる。

そうした皇室の技師としての彼のホームグラウンドは「新宿植物御苑」つまりいまの「新宿御苑」だった。彼は明治三十一年には新宿植物御苑掛長となるが、そもそも彼が勧農局試験場農業生となってから、最初に明治十二年に配属されたのが「植物御苑」だったのである。

明治十二年という年は、この試験場の土地が内務省から宮内省に移され、「新宿植物御苑」になった年だった。だから福羽逸人は新宿御苑の発足時にそこに配属され、以後明治三十一年から退官するまでを御苑とともに歩むのである。

「意外ナル事件」で幻に終った構想

新宿御苑において、彼は何をしたか。

彼がそこでさまざまな園芸品種の改良に励んだことは無論である。

植物の栽培、特に草花の栽培にとって欠くことのできない温室を彼は作り上げたし、それを利用しての栽培も行なった。なかでも興味深いのは、ランの栽培である。ランを作ったり、菊の品種改良を行なったりしていたというと、福羽逸人という人物はまるっきり職務を利用して趣味に走った道楽者のように思われるかもしれない。けれどもこうした仕事も、彼の意識のなかではレッキとした国家的事業だったし、客観的にもランや菊の栽培は国家的な重要性をもった仕事だった。何故かといえば、ランや菊の花は、皇室が外国使臣を招いて行なう宴席に必要欠くべからざるものだったからである。

菊の花は皇室の花であり、饗応の宴に見事な菊を置くことは日本の姿をもっともエレガントに外国に示すことになるからだった。そしてまたランは、諸外国の王室がもっとも好む花であり、日本にも見事なランがあることを見せるのは、日本の皇室がインターナショナルなレベルでも一級のものである証明になるのだった。

国学者であり、維新の功によって子爵を授けられた福羽美静の養嗣子として、福羽逸人は誇りをもって自らの仕事を遂行していた。

同じように、後に内苑局長に任ぜられてからは、赤坂離宮、京都皇宮外苑、武庫離宮の改修や新営事業を行なって、造園家としての腕をふるっている。

新宿御苑においても、彼は園内の整備を行なった。

御苑の大部分の土地は明治十五、六年頃には「華族養蚕社」という団体に無償、無期限で貸与されていた。

この団体は当時の国家的重要性をもった絹織物業の振興のために、華族の子女が自らこの仕事を行なうという目的で設立されたものだった。けれどもそれほどの成果を上げておらず、又貸しして収入を分配するのが実態だった。そこでこれを返却させ、また御苑の土地の一部には綾小路《あやのこうじ》、石山、壬生、由利など維新時に移り住んだ有力者たちの家が建っていたので、これもまた移転させ、名実ともに土地を整理した。

さらにこの後、彼は新宿御苑から近い代々木の御料地と御苑の間にある民有地を買収して、ふたつの皇室用地を完全に接するように計画を立てた。

代々木の御料地というのは、正式には南豊島郡御料地といった土地である。もとは熊本藩主加藤忠広の別邸だったところで、寛永十七（一六四〇）年五月、三代将軍家光がここを彦根藩主井伊直孝に与えた。井伊家は江戸時代をつうじてこの土地に別荘を営み、茶屋、庭園などを整備した。

こうして井伊家の土地は明治維新を迎えるのだが、明治六年にここは政府に上地された。けれども一度井伊家はこの土地の払下げをうけ、その直後の明治七年、ふたたび政府が購入し、宮内省の土地となった。明治二十二年には世伝御料地となり、隣接した陸軍省用地の一部を普通御料地に編入して、全体では六八・一一ヘクタールの広大な土地となっていたのである。

明治天皇はこの土地が気に入っていたようで、井伊家時代の庭園を整理させ、庭園を宮内省技師の小平義親らに設計しなおさせた。現在も残っている隔雲亭とその前面の芝生地の庭がこのときのもので、明治期の新しい和風庭園の性格をよく示すものといわれる。

南豊島郡御料地の庭園のあたりを代々木御苑と称していたので、この御苑と新宿御苑とを結び合わせるならば、皇室の土地が東京の西部に大きくまとまることになる。しかも、このふたつの御料地は予想以上に近い位置にある。あいだを山手線、中央線の線路が横切っているために、どことなく別の土地どうしという印象が強いのと、新宿と代々木という別々の地名で記憶されていることと、現在の新宿御苑の通常の出入口が新宿駅側の方にあることなどのために、ここは別の土地という印象に別れてしまっているが、地図を拡げてみればこの一帯はほとんど連続していることが理解されるであろう。福羽逸人は、両方とも御料地なのであるから一体化して、さらに豊かな土地にしてゆこうと発想したのである。

彼の計画は了承され、買収がはじまって、ふたつの土地はたがいに接するようになった。しかしながらこの計画は、彼じしんの言葉によれば「意外ナル事件」によって、思わぬ方向にすすむことになる。彼の当初の目論見では、ふたつの御料地を接続させ、合体させ、一体となった大禁苑をつくり上げるつもりだったのである。彼はそうしてでき上る新宿御苑の中心に、新しい宮殿を建てることを夢見ていた。彼はその『回顧録』にこう記している。

「新宿御苑ノ改造工事ヲ設計スルニハ其中心点タル位置ニ宮殿予定地二千坪ヲ設置セリト雖《いえど》モ未夕時機到来セス曾テ二三回其調査ニ従事セシモ尚《な》ホ成立スルニ至ラス然レドモ早晩以建築ハ事実ニ顕《あら》ハル可キハ謂《い》フ迄モナキ次第ナリ是ハ唯時機ノ問題ニシテ事実問題ニ非ラス」

彼の夢では、新宿御苑の中心におそらくはヴェルサイユ宮殿を念頭に置いた西洋風の宮殿が建てられ、そこの周囲に洋風の大庭園が拡がり、外国使臣を招いての饗応の会場が出現することになっていたのである。そして、代々木の御料地の方は、すでに和風の茶屋や庭もあることから、和風の庭園と野趣あふれる林野の地と想定されていたことであろう。

これが成功していれば、東京の西部、新宿から渋谷にかけて一大緑地帯がつくられていたはずである。だが、彼が土地を買収整理しておいたことは、結局は緑豊かな土地をつくるのに役立つのである。彼にとっては「意外ナル事件」でも、大局的には彼の行為は大いに役立ったのである。

その「意外ナル事件」とは、彼自らの書き遺した文章によれば、つぎのことであった。

「(代々木御料地接続地の)整理ニ着手セント予期シ居タルニ拘《かか》ハラス同地ヲ明治神宮造営地トナス議興リ遂ニ其実行ヲ見ルニ至リシヲ以テ予カ計画ハ永久根底ヨリ破壊サレタルノ一事コレナリ」

つまり、彼が土地を整理し、代々木御料地と新宿御苑をつなげようと努力したことは、結果的には明治神宮のための土地を確保する仕事になってしまったというのである。

三代の聖域を用意する

だが、彼にとっては「意外ナル事件」であったにせよ、東京にそれだけの土地を確保しようとしたことは、彼の先見の明と言ってよいのではあるまいか。

明治神宮を造営しようとの計画は、明治天皇の崩御から約半年後の大正二年三月二十六日、衆議院でその建議が可決されたときから公式に開始される。「神宮」をどこに造営す

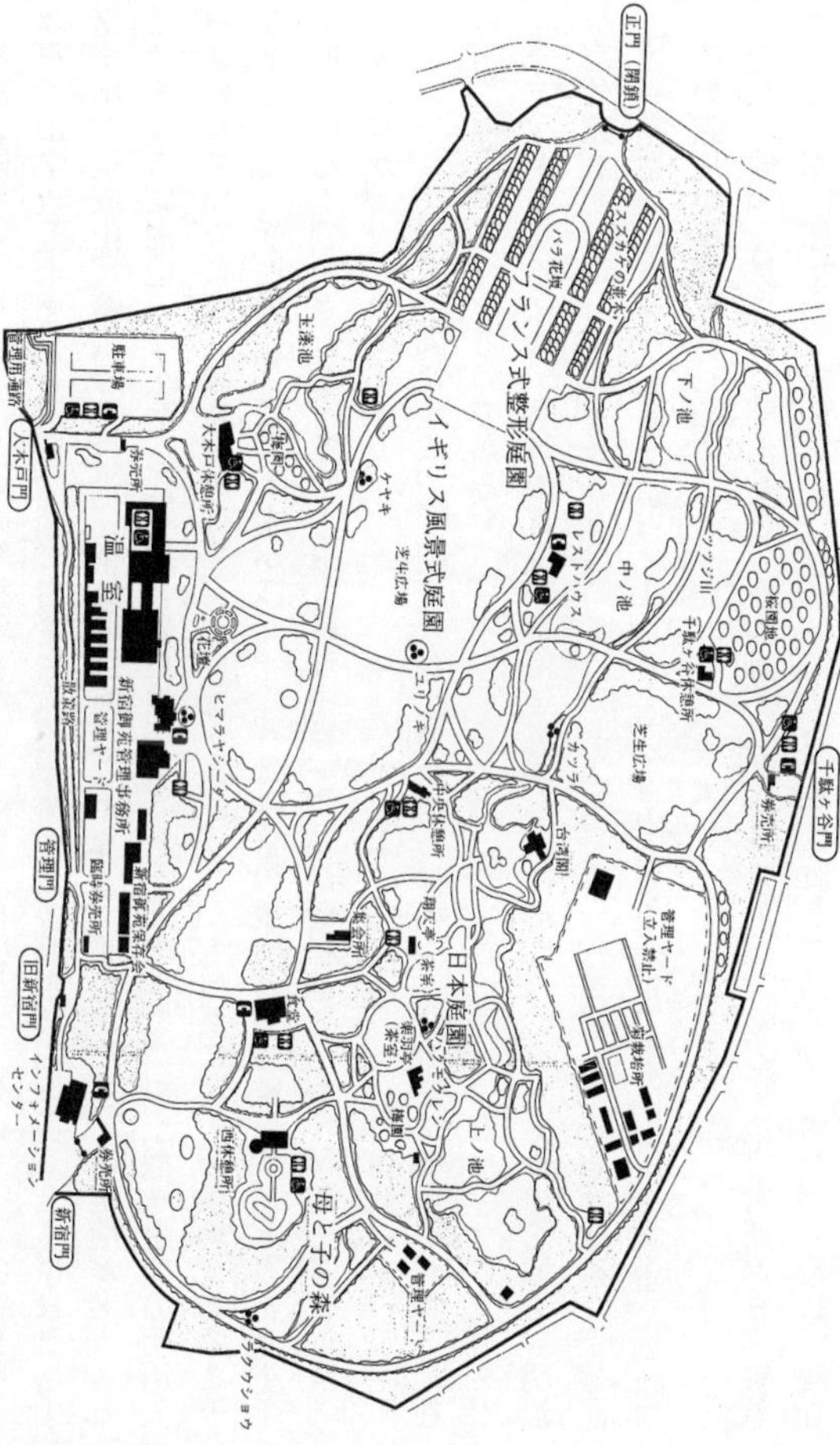

新宿御苑平面図（『新宿御苑案内図』より）

るかは、その時点ではまったくの白紙状態だった。

神宮の候補地としては代々木の御料地すなわち南豊島郡御料地以外にも、青山練兵場、陸軍戸山学校敷地、小石川植物園、白金台火薬庫跡、豊多摩郡和田堀村、さらには御岳山、富士山、筑波山、箱根離宮付近、千葉の国府台などなど、ずいぶん多くの場所が考えられた。それら候補地のなかから代々木の御料地が選ばれた理由は、この土地を生前の明治天皇が好んでいたこと、東京の近郊で交通の便がよく、しかも自然に富んだ敷地であることなどだった。敷地内には松の大木が多く、これは神宮の境内として整備するときには上手く使えるとも判断された。そして最大の理由は、ここが御料地であって、改めて買収する必要がなかったことであった。

こうして代々木の御料地は、福羽逸人が描いた夢とは異なった方向に転用されて、現在の明治神宮の森となるのである。

一方、大正三年には、当時の青山練兵場を主体とした約四八ヘクタールの土地を、明治神宮外苑とすることが決定された。ここには明治天皇の一代を描いた絵画を収めた聖徳記念絵画館をはじめとする施設がつくられ、南は青山通り、東は大宮御所（後に東宮御所）までの敷地が整備されたのである。

現在の地図を見ても、明治神宮、新宿御苑、明治神宮外苑、そして東宮御所から迎賓館までは、都内屈指の大緑地群となっていることが知られるであろう。惜しむらくは、現在これらの土地はそれぞれが完結したかたちで維持されており、至近距離にありながら、相互につながってゆくような都市計画はなされていない。福羽逸人が新宿と代々木の御苑をつなごうとしたような発想は、もっと見直されてよいであろう。

もっとも、戦前までは新宿御苑は文字通りの御苑であって、ふつうのわれわれには窺い知ることのできない禁苑だった。福羽逸人はあくまでも禁苑としての新宿御苑と代々木御苑をつなぎたかったのだろう。だから、彼が明治神宮の造営を「意外ナル事件」と嘆じたのは、代々木の御苑が皇室御料地から、一般人も参詣できる境内になってしまったためだった。新宿御苑は禁苑でありつづけているのだから、神宮とつなげるわけにはゆかなくなってしまったからだ。戦後、新宿御苑が開放されたときこそ、神宮、御苑、外苑をつなぐ新しいチャンスであったはずだが、すでに福羽逸人は亡く、そうした目でこれらの土地を見る人物もいなかった。

だが、福羽逸人が代々木と新宿をひとつながりの御苑と見ることができたのは、彼が宮内省技師であり、いわば皇室の目でこれらの地域を見られたせいかもしれない。彼は大正六年に勲一等を受け宮中顧問官に任ぜられ、大正八年に農学博士の学位を受け、大正十年五月十九日に歿する。

その生涯は、維新の功臣の息子として、いちごの品種改良や卓上の花を育てる花守りであると同時に、皇室の空間を大きな構想力でデザインした廷臣としてのそれであったといえるであろう。

　同じように、彼の努力によって新宿御苑の土地が整理され、完全に御苑の土地となっていたことによって、この場所はやがて大正天皇が崩御した後、御大葬がとり行なわれる土地になる。このときには、福羽逸人はすでに世を去っているが、これもまた、彼にとっては「意外ナル事件」であったかもしれない。

　けれども、これもまた、彼が御苑を整備しておいたからこその、先見の明であったといえよう。

　昭和天皇の大葬も、この新宿御苑で行なわれた。福羽逸人は、明治神宮の土地、そして大正・昭和の二度にわたる御大葬の地という、三代にわたる皇室のための土地を用意したといってよいであろう。

8 文京区—椿山荘

目白の将軍の軍略にも似た地政学

——権力者・山県有朋の土地と庭園に対する眼力

目白の「将軍」と「闇将軍」

目白の将軍とか、いや、目白の闇将軍だとかいえば、人はどうやら田中角栄元首相を想像するようである。

ここでの物語は、しかしながら目白の田中角栄邸にまつわる土地の物語ではない。目白の将軍とは、文字通りの将軍、議定官枢密院議長元帥陸軍大将従一位大勲位功一級公爵山県有朋のことである。彼こそは元祖にして本家、目白の将軍そのものであった。

しかしながら話のはじめとして、現代の目白御殿、田中角栄邸をのぞいてみよう。小林吉弥著『実録越山会』は、地元選挙区民の目白御殿への陳情のようすを、つぎのように書く。

「彼らはバスを仕立て、あるいは夜行列車で新潟を発ち、まず早朝の目白御殿に蝟集《いしゅう》する。

御殿の朝は早く、開門は午前六時半。御殿の主はすでに四時半起床、早くも書類に目を走らせている。

開門と同時に邸内になだれ込んだ陳情団は、まず門を入って左側、私設秘書の担当の受付で名刺を差し出す。時には越後みやげの錦ゴイ、笹だんご、小千谷ちぢみ、あるいは越乃寒梅、越後美人、スキー正宗といった銘酒地酒も献上され、ここをパスして待合室に通される」

そして正月の、越山会会員たちの目白御殿への新年挨拶のようすはこうだ。

「越山会会員は市町村単位に分かれてやってくる。目白御殿では田中と記念撮影、その足で近くの椿山荘などで軽い昼食をとったりする。田中もむろん参加する」

権勢を誇った元首相の人心収攬《しゅうらん》術がいきいきと伝わってくる描写だが、ここで「目白」という地名は一種独特の響きをもっている。

だが、これだけ大量の選挙民を迎え入れる田中角栄も、彼らと食事をともにするためには「近くの椿山荘」に出かけなければならない。

この「椿山荘」こそ、目白の将軍山県有朋のかつての本邸であった。

山県有朋は長州奇兵隊の出身、帝国陸軍の創設者にして軍閥の領袖《りょうしゅう》、軍務・内務のすべての実権を手中におさめ、皇太子妃の選び方をめぐる宮中某重大事件の糸を引くなど、晩年にいたるまでわが国を動かしつづけた。

軍人の視点からの庭作り

この山県のほとんど唯一の趣味というべきものが、作庭、つまり庭つくりだった。庭つくりなどというと、老人が日向で土いじりなんぞをしている姿を想像してしまうが、彼の作庭はそんなものではない。

いまだ彼が奇兵隊の隊長をしていた頃、すでに彼は長州吉田駅の清水山というところに小邸をいとなんで、これを無隣庵と名づけていたという。この無隣庵は、明治三十三年の吉田町大火にあって、いまは存在しない。

この無隣庵は、明治二十四年に京都木屋町に復活する。これは鴨川が高瀬川を分流するあたりから水を引いた、すこぶる水に富んだ庭をもっていたという。この無隣庵は、ほどなくして川田小一郎に譲渡された。

無隣庵が三たび復活するのは、明治二十九年のことである。京都南禅寺のかたわらに営まれた今度の無隣庵は、現在は京都市の庭園として一般公開しているから、われわれもそのすがたを味わうことができる。

浅く流れる水流、低く刈り込まれたツツジやサツキ、そして石もまた低くおさえられたこの庭園は、明治以降の和風庭園の名作であり、山県有朋の作庭のアイデアが各所に示されたものである。

実際の作庭は庭師小川治兵衛が行なったが、樹木の選定から石の据え方、木の刈り込みまで、山県有朋は指図をしたという。現在行ってみれば解ることなのだが、この庭は実際の面積がそれほど広くないにもかかわらず、見通しがよく広々と感じられる。茶庭のような狭さを嫌った山県の創意なのだが、石を低くおさえ、思い切ってツツジやサツキを刈り込む手法は後に小川治兵衛の得意の手法になってゆく。

和風庭園を近代化したといわれる手法がこれなのだが、この庭を無隣庵の建物の座敷から見てみると、眼前に開ける庭はあくまで座敷からの視点、すなわち一点からの眺望に沿って構成されていることに気づく。そこにこの庭の明快さもあるのだが、それは伝統的な回遊式庭園とはずいぶん異なったものでもある。山県有朋は軍略を練るのにも似た慎重さで作庭を行ない、庭石を打つときにも、石と同じ大きさに切った紙をならべて、ああでもない、こうでもないと、実験したという。

そうした結果でき上る庭は、作戦どおりにすべてが上手くいった戦場のような明快さに至るのではないか。山県有朋の庭には、殊に無隣庵の庭には、物かげや、隠れてしまう別天地がない。すべてが座敷からの視点に統御されている。いわば、山県流の戦場の理想型なのではないかと思われてくるのだ。陸軍の軍人の土地を見る目が、ここには生きているようだ。

けれどもこの庭の分析をつづけているときりがないから、ここではどんどん話を先にすすめて、彼の営んだ庭園を片っぱしから挙げてゆくことにしなければならない。

明治二十年頃、山県は神奈川県の大磯に小淘庵という別荘をつくった。これは「こゆるぎあん」と読む。だいたい山県有朋は当時の元勲たちのなかではめずらしいことに、漢詩や漢文よりも和歌の方を好んでいたようで、漢詩よりも和歌を多く遺しているし、どちらかといえば大和ことばの擬古文の方がうまい。「こゆるぎあん」という読みも、そのへんの趣味からきているのだろう。

この小淘庵は約五〇〇〇坪あったが、明治四十年に三井男爵家に譲渡している。

そのかわりに、彼は小田原に広大な古稀庵という別荘をつくりはじめる。

古稀庵は山県有朋にとって、もっとも力を注ぐことになる別荘である。ここに彼は宏大な庭を営み、そこに池をつくり、水を流した。しかしこの土地にはもともと水がなかったので、一三〇〇メートルも離れた風祭という土地に直径二六メートル、深さ四メートルの摺鉢《すりばち》型の巨大な水源池をつくって、そこから蜒蜒と鋳鉄管によって水を引き、池に水をもってきたのだった。

山県水道とよばれるこの送水路は、明治四十二年頃にはできていたのだが、小田原市に水道がつくられるのは昭和十一年のことだから、それに比べて山県の大がかりな水道工事がどれほど早い時期のものだったかが知られよう。しかもこれが池の水のためなのだから驚く。

山県はこの古稀庵で、大正十一年二月一日、その位人臣をきわめた生涯を閉じるのである。

山県の別荘地政学

山県の邸宅はこれだけではない。

明治二十五年頃、彼は東京の小石川水道町に新々亭を営んでいる。これは五〇〇坪ほどの、彼にしては小邸で、「さらさらてい」と読ませている。

皇太子（大正天皇）を古稀庵に迎える山県有朋

「さらさらてい」は南を流れる神田川へ落ちる水を利用して庭に水を引いた。その水が「さらさら」と流れていたのである。風雅な屋敷だが、これは東京のなかの別邸、もっとはっきり言ってしまえば妾宅である。新橋の名妓とうたわれた「老松」、のちに貞子夫人とよばれる女性がここにおり、山県有朋亡き後は、ここが貞子夫人邸となった。

さらにこれ以外に、明治十五年から十九年にかけて、彼は栃木県塩谷郡泉村（現在は矢板市）に、七五〇町歩もある田畑と山林を入手し、那須山県農場と称した。ここには現在、山県有朋を祀った椿山神社もつくられている。

全体でどれだけの家屋敷をもっていたのか、こんがらがってくるほどなのだが、こうした邸宅群の中央に座を占めるのが、本邸たる目白の椿山荘なのである。

そこでまず、山県有朋の屋敷を少し整理してみよう。というのも、彼の屋敷のかまえ方は、じつに整然と当時の有力者の夢を実現したものだからである。それぞれの屋敷の性格を、レッテルを貼って分類してみると、それがよく解る。

本　邸　椿山荘
東京別邸　新々亭
京都別邸　無隣庵
湘南別荘　小淘庵──→古稀庵
農　場　那須山県農場

このような邸宅のかまえ方は、明治の有力者たちにしばしば見られるものだが、山県ほどパーフェクトに全部の種類の性格をもつ邸宅を手中にした例は少ない。

ここには、旧幕時代からの武家や富商たちの家屋敷のかまえ方、維新後知られるようになった西欧の上層階層の邸宅の所有の形式が、混合してあらわれているように思われる。

本邸として営まれた椿山荘については、あとでもう少しくわしく見てゆくことにしたいが、旧大名邸の趣きをもつ大庭園をもち、広大な地所を占有するという形式のなかには、自分たちこそ、維新の時代を切り開いた新しい実力者であり、新たな大名なのだという自負の念がうかがわれる。

新選組の近藤勇でさえ、会津藩あずかりの身分から幕府直参となり、老中格にとりたてられたときには、「これで自分も大名なみになった」と有頂天になったといわれるくらいだから、明治の元勲たちが「大名なみ」をひとつの目標とし、励みにしたことも十分かんがえられる。彼らの本邸のかまえ方、特に山県の本邸には、そうした明治の志士の夢の実現がある。

東京別邸をかまえることも、当時の成功者たちの常道だった。別邸の多くは女性の住むところだったから、そのかまえ方も大小いろいろとあったようだし、その数もそれこそその人の腕しだい(?)といったところがあった。山県の場合、東京別邸にもなかなか格好をつけているようで、ほほ笑ましい。

つぎに京都別邸だが、これも当時の有力者たちがこぞって持ちたがったものだった。京都は千年の都であり、そこに屋敷をもっていることは何かと便利であると同時に、格式のあることでもあった。とくに、山県の無隣庵が設けられた南禅寺のそばは、明治になってから琵琶湖疎水が引かれたので、その水を利用した庭園をもつ大別荘群が出現した。無隣庵こそ、その先駆けであり、後の新興別荘ブームのパイオニアなのだが、こんなところにも山県の土地に対する勘のよさがうかがわれるのである。

湘南にかまえられた小淘庵から古稀庵にいたる別荘は、それではどのような意味をもつのだろうか。

温暖で、海と山をともに楽しめる湘南地方は、有数の別荘地帯である。自由に日本各地に家をかまえられるようになった明治以降、まず最初に好まれたのが鎌倉から西にむかってのびてゆく湘南の海岸地帯だった。

この頃は、夏すずしい軽井沢などの高原の別荘より、冬あたたかい別荘の方がすごしやすかった。暖房の発達していなかった当時、寒さから逃れられることの方が、夏をすずしく過すことよりも魅力的だったのである。

鎌倉、大磯、小田原、熱海と、有力者たちの別荘が町の名を高める地帯が出現する。こうした湘南の別荘のなかで、一番西の端に存在したのが、興津にかまえられた西園寺公望の別荘坐漁荘だった。それは、西欧の貴族やジェントルマンたちが自分の所有する土地のなかに建てるカントリー・ハウスの日本版であり、彼らは隠然たる力をもつ日本のカントリー・ジェントルマン的な生活を目ざしたのである。

戦後になっても吉田茂が大磯に別荘をかまえたり、晩年の岸信介が御殿場に本邸を移したりしたが、彼らのライフ・スタイルの演出法のなかには、自分たちは明治の元勲の系譜を引くのだという自負心と憧れが混在していたように思われる。故松下幸之助が京都に大別邸を営んだのも、戦前の財界人たちの別邸の営み方に憧れ、ついにそれを実現したのだと考えると、はなはだ理解しやすい。現代ではすべてが法人組織になってしまい、もはやこのような邸宅の構え方は不可能になってしまった。

山県有朋が晩年の隠棲地に選んだ小田原は、戦前の有力者たちによる湘南別荘ベルト地帯のなかでも、とりわけ多くの有力者たちの別荘が多かった。明治二十二年に、伊藤博文がここに滄浪閣という別荘をつくったのが、小田原別荘時代の幕あけとなる。滄浪閣は後に大磯に移るけれど、小田原にはその後御用邸ができ、閑院宮別邸ができ、御殿山に本邸をかまえた三井の大番頭益田孝の別邸掃雲台ができた。

この外、清浦奎吾《けいご》、大倉喜八郎、野崎広太、室田義文、松本剛吉、横井半三郎、山下亀三郎も別荘を小田原にもち、陸軍大将大島義昌、海軍大将瓜生《うりゅう》外吉、代議士横田千之助、子爵榎本武憲、結城豊太郎、黒木為楨《ためもと》、秋山真之《さねゆき》、北原白秋の別荘もあった。

戦後になってからも、松永安左衛門、長谷川如是閑《にょぜかん》の別荘が小田原につくられている。

こうした有名無名さまざまな別荘群のなかで、山県有朋の古稀庵は規模構想ともに群を抜いた存在だった。

湘南型カントリー・ジェントルマンとしても、山県は明治を代表する存在だった。さて、最後に那須の農場であるが、ここもまた、明治の有力者たちが新興地主として蝟集した土地だった。

那須の原野は明治以前には荒涼たる不毛の土地だったが、土木県令、また鬼県令としても知られる三島通庸《みちつね》が土地の開発に着手して以来、新しい農地・山林の地帯としての価値を徐々にもつようになってきた。

いまもここには御用邸があるし、大山巌、青木周蔵、三島通庸らが、こぞって大農場を開いた土地でもあった。

彼らは維新政府のなかで軍人として、外交官として、あるいは行政官として名をあげた人々ではあるけれど、やはり農場をもち、地主となることを求めたようである。地主のイメージのなかには、土地の領主、新しい大名という夢が、いくばくかは込められていたにちがいない。

かつがれたみこしに乗る

堂々たる、大名邸かと見まごうばかりの本邸を東京にかまえ、ちゃんと別邸も東京のな

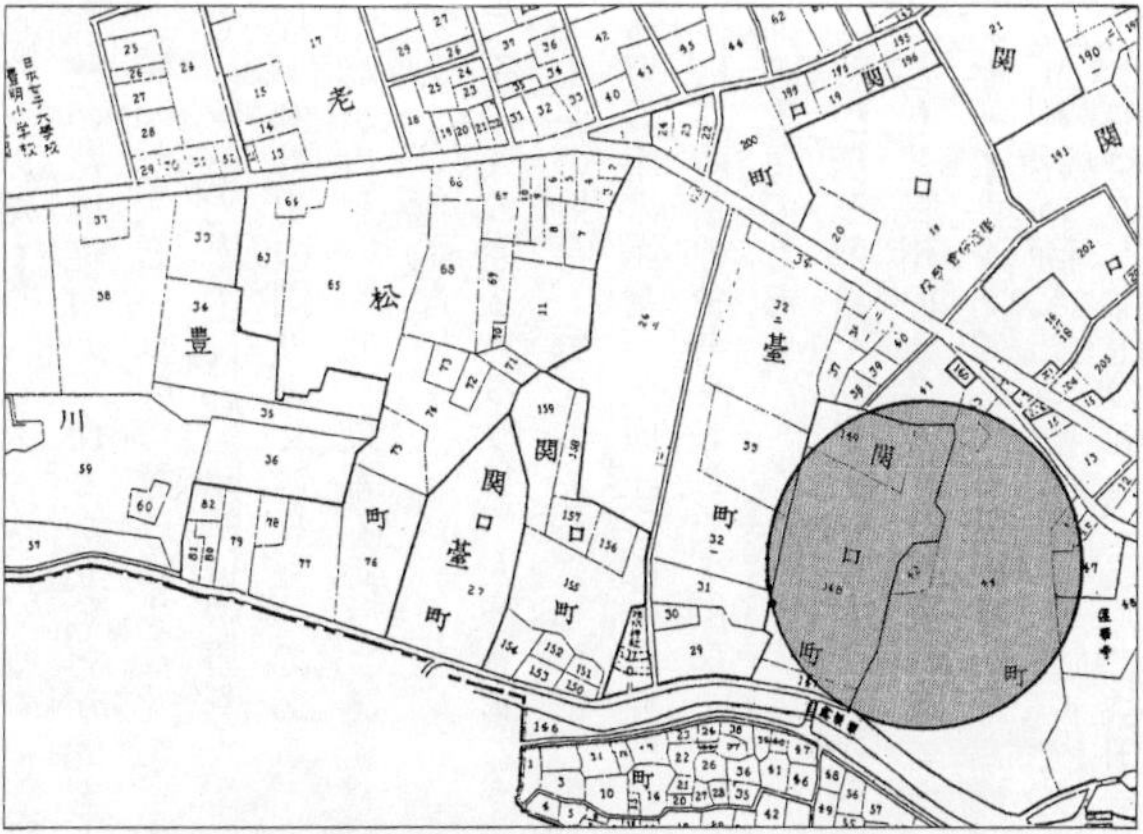

明治40年当時の椿山荘付近（丸印が椿山荘の位置）

かに持ち、まず大物としての体面をととのえる。

ついで京都にも屋敷をもって、自分がたんなる田舎の金持ではなく、宮中あるいは公家たちともつながりのある生活圏をもっていることを示す。

そして湘南の大別荘に隠棲することによって悠々自適のカントリー・ジェントルマンであることを見せながら、そのじつ大きな影響力をもちつづけ、人々に大磯詣でや小田原詣で、興津詣でなどをさせる。

そして那須などに山林や田畑をもち、実質的な地主としての内実をそなえ、後顧の憂いをないものにしておく。

これが山県有朋の邸宅群のかまえ方であり、それはとりもなおさず明治の成功者たちの理想をひとつも欠けるところなく実現したものだった。

だいたい維新の三傑とか元勲とか元老といわれる人々のうち、天寿をまっとうして長命を保った人というのは意外に少なくて、山県有朋のように八十四歳の生涯をベッドのうえで（彼は小田原古稀庵の洋館に起居していて、その寝室のベッドのうえで死んだ）閉じられたのは、例外中の例外みたいなものである。

だからといって、長寿でありさえすれば山県のように全部の種類の邸宅をもてるというものでは無論ない。

その人の運もあろうし、人徳もあろうし、時代ということもあろう。

山県の場合、庭をつくるについて、奔走してくれる人がいろいろいた。現在も京都に残る無隣庵の場合、久原庄三郎が実際的な面で奔走したと伝えられている。久原庄三郎は、後に日産系の企業をおこす久原房之助の父親であり、明治の政商で藤田組を興す藤田伝三郎の実兄でもある。

藤田伝三郎はその息子が目白の椿山荘に関係してくるので、ここで解説を加えておくと、もともと長州の人で、大阪で藤田組をおこし、西南戦争のときに軍靴製造でもうけたり、ニセ札事件をおこしたりしながらも着実に財をなしていった人物である。山県有朋にはもっとも近い商人だったといってよいであろう。

小田原の古稀庵の場合、三井の益田孝が土地の入手やら何やらの世話をしている。

もとの大磯の小淘庵を三井家が購入し、そのかわりというかたちで古稀庵がつくられてゆくのだから、ここで益田孝がひと働きするのは当然かもしれないし、そもそもこうした新別荘の計画をたてて、それまでの別荘を三井の方で引き受けるという筋書きをつくったのが彼かもしれないのだ。

古稀庵のすぐとなりには益田の別荘掃雲台があり、両方の別荘は裏口どうしで、じかに行き来できるようになっていた。

益田と山県の結びつきには、もうひとつの、もっとも強い要素があった。有朋の事実上の夫人貞子が、もと新橋の名妓「老松」だったことは前にも述べたが、益田孝の愛妾おたきは、おなじ新橋の名妓「山登」だった女性であり、この「老松」と「山登」は実はほんとうの姉妹だったのである。

愛妾をつうじてふたりが特別の関係にあったことは容易に想像できるだろう。もっとも、この頃は芸者や遊女だった女性を妻や囲い者にする例はごくふつうだったから、そうした女性どうしが姉妹ということも起り得たのだった。まわりにおみこしをかついでくれる人がいて、それに乗りながら悠々と作庭を楽しんだのが有朋であった。

目白の椿山荘は、山県有朋が明治十年の西南戦争のあとで入手した土地に建っている。山県じしんが後に『椿山荘記』という文章を書いているので、それに拠るならば、事の発端はこうである。

西南戦争がおわり、暇のできたある日、城北の土地を過ぎてゆくとき、地形にふしぎな風情のあるところを見つけて人に問うと、これはもと椿山といわれたところだということだった。南に向って土地がひらけ、なかなかよい山水の風光であったので大いに気に入って、いろいろ手を加えて土地を開き、新しく家もたてて、椿山荘と名づけた。この名前はこの土地の旧称にしたがったものである云々。

旧幕時代の荒廃した庭園を手入れして、大きな庭をもつ大邸宅にしたのが椿山荘であった。椿山というのは椿でも植えられた小山だったのだろうが、ときおり武家の庭園にはつくられたもののようで、たとえば現在東京大学の本郷キャンパスになっている加賀前田家屋敷にも椿山というのがあり、戦後まで残っていた。

『椿山荘記』はこのあと、庭の目ぼしい構成を語ってゆくが、その中心となるのは池である。山下に泉がわき出していて、それを引いて幽翠池と雲錦池というふたつの池に巡らせ、そのあいだを聴秋瀑という滝でつないでいる。庭師は東京における山県のお気に入りであ

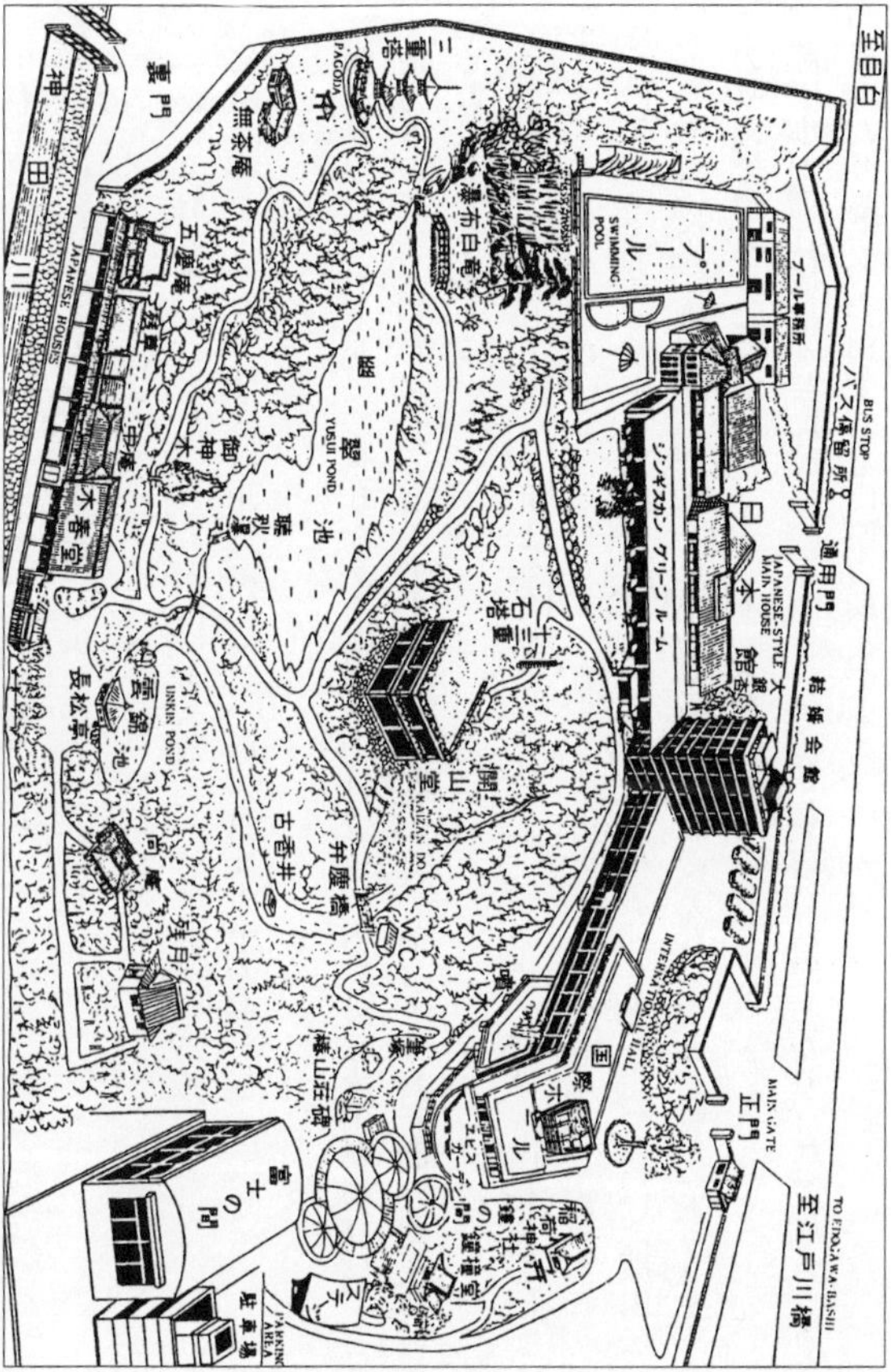

昭和56年頃の「椿山荘案内図」。聴秋瀑の辺りに山県時代の面影がうかがえる

った岩本勝五郎という人物だった。

山県は自分の庭にかならず水を引き、滝を設けた。小田原の古稀庵の滝について、彼は茶人の高橋箒庵にこんなことを語っている。

「滝の姿は始終同様なる筈なれども、打ち見たる処始終変化あるやうにて、見れども更に飽く事なし、自分は時々此処《ここ》に佇《たたず》みて、長時間眺め居る事あり」

滝を見つめ、わずかに変化しながら落ちつづける水に目を凝らす山県の姿は、どことなく権力者の孤独を感じさせるものである。椿山荘の滝の前にも、長時間たたずむ彼の姿が見られたことであろう。

本邸としての椿山荘は、大正七年に終りをつげる。この年、彼は椿山荘を手ばなすのである。

この年、椿山荘は藤田小太郎に譲渡された。藤田小太郎こそ、先に述べた藤田伝三郎の嗣子である。彼は椿山荘の一木一草たりとも現状を変えないことを誓って、うやうやしくこの庭園を購入したのだった。

藤田小太郎は後に安芸加茂郡の篁山竹林寺の三重塔を移築したり、無茶庵という茶室をつくったりしたが、いずれも山県の歿後である。

だが、椿山荘の建物の大半は第二次大戦中に戦災にあって焼失した。そしていまでは、藤田観光の施設として営業に用いられているのである。庭も建物も、だから今では山県の時代のおもかげをほとんどとどめていないが、幽翠池と雲錦池をつなぐ水の流れのあたりには、わずかに往時の姿がうかがわれる。

それにしても、山県はなぜ椿山荘を手ばなしたのだろうか。

理由のひとつは、その莫大な維持費である。庭は、つくるのにも金がかかるが、維持にはそれ以上に金がかかる。木の手入れも大変だし、水をつかった庭だとそれに驚くほどの金がかかる。彼は体《てい》よく藤田小太郎に売り逃げたのだとも思われてくる。

けれども実際には、すでに小田原に古稀庵をかまえ、湘南に隠棲する老権力者というライフ・スタイルを手に入れていた彼にとって、目白の本邸はそれほど必要ではなくなっていたのであろう。

「目白という土地は、現役の権力者にこそふさわしい」、こう彼が考えたか否かは解らない。

山県は東京邸として、ずっとつつましやかな屋敷を麹町五番町にかまえて、新椿山荘と名づけた。この土地には、現在ダイヤモンドホテルが建っている。

9　中央区日本橋室町

三井と張り合う都内最強の土地

——九三坪二合九勺に賭けた久能木一族の意地

東京の町を見て、江戸以前から現在にいたるまで、ずっと同じ人が住みつづけている土地というのはほとんど見出せない。

江戸の町の大旦那だった将軍家が、自分の住いを天皇に譲り渡したのだから、以下の面々も住みつづけられなくて当然だ。大名家をはじめ、武家の屋敷の大半は明治維新のときにその主を替える。

むしろ町人の屋敷の方が、維新の激動には強かった。明治維新は社会主義や共産主義の革命ではなかったから、土地を国有化するというような政策をとらなかった。幕府の土地だけが政府に編入されたのである。

町人たちは、首をすくめて嵐をやり過せば、同じ家屋敷に住みつづけることができた。

とはいえ、栄枯盛衰は世のならい、いつまでも同じ家が栄えるとはかぎらない。江戸以来の町人でも、いまに至るまで同じところで商売をつづけていられる例は決して多くない。東京じたいも江戸の頃よりもはるかに巨大化してしまったから、人々もどんどん郊外に出ていった。繁栄したが故に、さらに良い場所を求めて別の場所に移っていった人々もまた多い。

こう考えてくると、江戸から現在まで、同じ土地で頑張りとおしている人を探すのは、砂漠で一つぶの砂金を見つけるより難しいかもしれない。

だが、江戸時代からずっと同じ場所で仕事をつづけている例がある。それも、一等地中の一等地でだ。

どこかといえば、明治の頃の日本橋区駿河町、いまの中央区日本橋室町二丁目のあたりだ。まわりくどく言わずにそのものずばりでいえば、日本橋の三越本店と、その北向いの三井銀行、三井信託銀行などのあるところである。

三井銀行の西隣りには日本銀行本店があるが、こちらは江戸時代にはこういう組織として存在していたわけではないので（あたり前だ）、三井の方が歴史が古いということになる。ちなみに、日銀本店のところには、幕府の時代には金座があった。

さて、三井だが、三井が駿河町の三越の場所に店を出したのは天和三年というから一六八三年で、その北側の三井銀行の側に進出したのは元禄七年、つまり一六九四年のことだという。以来三百年、彼らはここで頑張りつづけているのである。東京では、これは驚異的なことだ。

同じ土地に頑張っていられるというのは、強者の証明のようなもので、つまり三井のいるこの日本橋のあたりは、都内で最強の土地ではないだろうかとおもう。お江戸日本橋のすぐお膝元で、しかも駿河町という名前は三越と三井銀行のあいだの通りから富士の山がはるかに望まれたからだというような、最高の場所での三百年というのは、東京の土地の歴史のなかで、ビジネスの土地の最長不倒記録ではなかろうかとおもう。

元禄時代までに、江戸の中心地を押えてしまったから、それ以上中心部に進出する必要もなく、しかも撤退することなくこの頂点の地を守り抜いているのだ。

最近、ある金融関係の建物の保存の議論をしていたら、金融筋にとっては、日銀本店からあまり離れたところに本拠を構えるわけにはゆかないのだ、というような話がでた。三井の土地は日銀の隣りも隣り、しかも日銀より古いのだから、いかに頂点の土地であるかが解るというものだ。

この昔の駿河町、いまの日本橋室町に土地を構えつづける三井だが、建物の方は何度も建て替った。いまの三井銀行の建物は、正式には三井本館というのだが、この土地の場合には、元禄七年に進出して以来、この建物にいたるまでに、何回くらい建て替っているとお考えだろうか。

元禄から現在までおよそ三百年として、かつての木造建築の寿命を六十年として、五回くらいだろうか。

ところがこれを調べてみると大違いである。元禄七年の建物から数えて、いまの三井本館はなんと第十五代目の建物にあたるのである。なんでこれ程多く立て替えられているかといえば、その理由は火事である。第十五代目の建物が現在の三井本館だということは、それ以前に十四回建て替っているということで、その十四回中十三回が、「類焼」である。しかもそのうちの十二回までが江戸時代のことだ。江戸時代には、いかに火事が多かったかが知られようというものだ。元禄七（一六九四）年から明治維新（一八六八年）までは百七十四年だから、江戸期には三井の建物の平均寿命は十三年ちょっとということになる。日本の都市の歴史のなかで、建物は本当にあっ気ないくらい短い寿命で消え去り、交替してゆくのだ。おまけに日本の木造建築は、いざとなると解体して運び去ってしまうこともできるのだ。明治維新のときに、江戸に建っていた大名の屋敷のいくつかは、解体されて国元へ運び帰られたりしている。

日本の都市の物語は、建物のうえに刻まれるというよりは、土地のうえに刻まれるのではないかと思われてこないだろうか。私がここに書きついでいる「地霊《ゲニウス・ロキ》」の物語とは、そうした判断を裏に秘めているのである。

というところで、話をふたたびもとの駿河町、江戸・東京をつうじての最強の土地にもどそう。

三井を切歯扼腕させた久能木商店

明治になってから、この土地に建つ建物の平均寿命はぐっと長くなる。

江戸時代最後の「類焼」は元治元（一八六四）年のことだったので、このときに再建された幕末の建物が明治維新のときには建っていた。明治維新だ文明開化だと叫んでみても、江戸改め東京の街は、江戸時代の衣を身にまとったままで維新をむかえたのである。

三井本館の建っている土地が「文明開化」をむかえるのは、明治七年のことだ。このとき、三井家はここに擬洋風の建物「為換バンク三井組」の建設に踏み切ったのである。三井としては、この二年前にいまの証券取引所のあるあたりに「為換座」の建物を建てたのだが、この建物は国立第一バンクに使いたいという国の意思で、国家に取られてしまい、結局江戸以来の本拠地にもどったのである。やはり三井は駿河町というわけだ。

この後、三井は明治三十五年に鉄骨造の三井本館の建物を建設する。本格的な三井財閥の本拠地づくりのためである。この三井本館（これは現在建っている三井本館の前身なので、旧三井本館とよぼう）を建てるとき、それまで建っていた「為換バンク三井組」の建物は取りこわされた。二十八年の寿命であったが、この土地の歴史のうえで唯一「類焼」によらずして消えていった建物ということになる。

旧三井本館は、明治の鉄骨建築のさきがけとしてその偉容を誇っていたのだが、大正十二年の関東大震災によって「類焼」、あえなくその二十一年の寿命を閉じる。

じつはこのときの「類焼」は、構造がしっかりした鉄骨の建物だったので、旧三井本館にとっては致命傷ではなかった。建物の物理的な強度からいえば、使いつづけられないことはない程度の被害ですんだのである。

けれども、時の三井首脳は、旧三井本館の改築を決意した。

決断を下したのは当時の三井の総領家の家長であり、三井合名社長であった三井八郎右衛門高棟《たかみね》と、三井合名理事長団琢磨だった。彼らはアメリカの設計・施工の技術を導入することを決め、ニューヨークのトローブリッジ・アンド・リヴィングストン事務所の設計、ジェームズ・スチュアート社の施工という布陣で新しい三井本館の建設にとりかかることにした。

彼らの仕事ぶりは驚異的にはやく、関東大震災から半年もたたない翌年（大正十三年）二月二十五日には略設計を仕上げて契約にまでこぎつけてしまった。このスピーディな仕事ぶりこ

戦前の三井本館付近（アミ点部分が三井本館。となりの本石町二丁目が日銀本店）

そ、三井首脳がアメリカの設計技術を導入しようと決断した理由であった。まさしく彼らの期待にこたえた仕事ぶりをアメリカ側は見せてくれたのである。

同時に、三井としては本館建設事業が、関東大震災からの一刻も早い復興を示す模範となることもねがっていた。当時の三井合名理事長としての心境を『男爵団琢磨伝』はつぎのように伝える。

「……理事長として先づ痛感したことは東京の復興に付いて三井が其範を示すといふことであつた。其為には金銭上の犠牲はあるとも最も早く復興に着手しなければならぬ。又其建築は帝都の一偉観を添ふるものでなければならぬ。さりとて華美に流れてはならぬとの断案を有し、当時東京市民は無論、日本全国民が挙げて復興の意気に燃えて居た際とて、一日も早く改築に着手せんことを決心した」

大正十三年二月二十五日に三井本館の設計をまとめ、契約を締結したにもかかわらず、三井本館の改築工事はすんなりとは進まなかった。

この建物の地鎮祭が行なわれるのは、ようやく大正十五年五月三十一日のことであり、起工式は六月二十四日なのである。

この間、まる二年以上のブランクが生じてしまったのは何故なのだろうか。

その理由は三井本館の敷地が確定しなかったためである。

いままで建っていた建物を建て替えるという工事なのに、何故敷地が確定しないのだと、いぶかしく思われるにちがいないが、これにはいろいろとわけがあった。

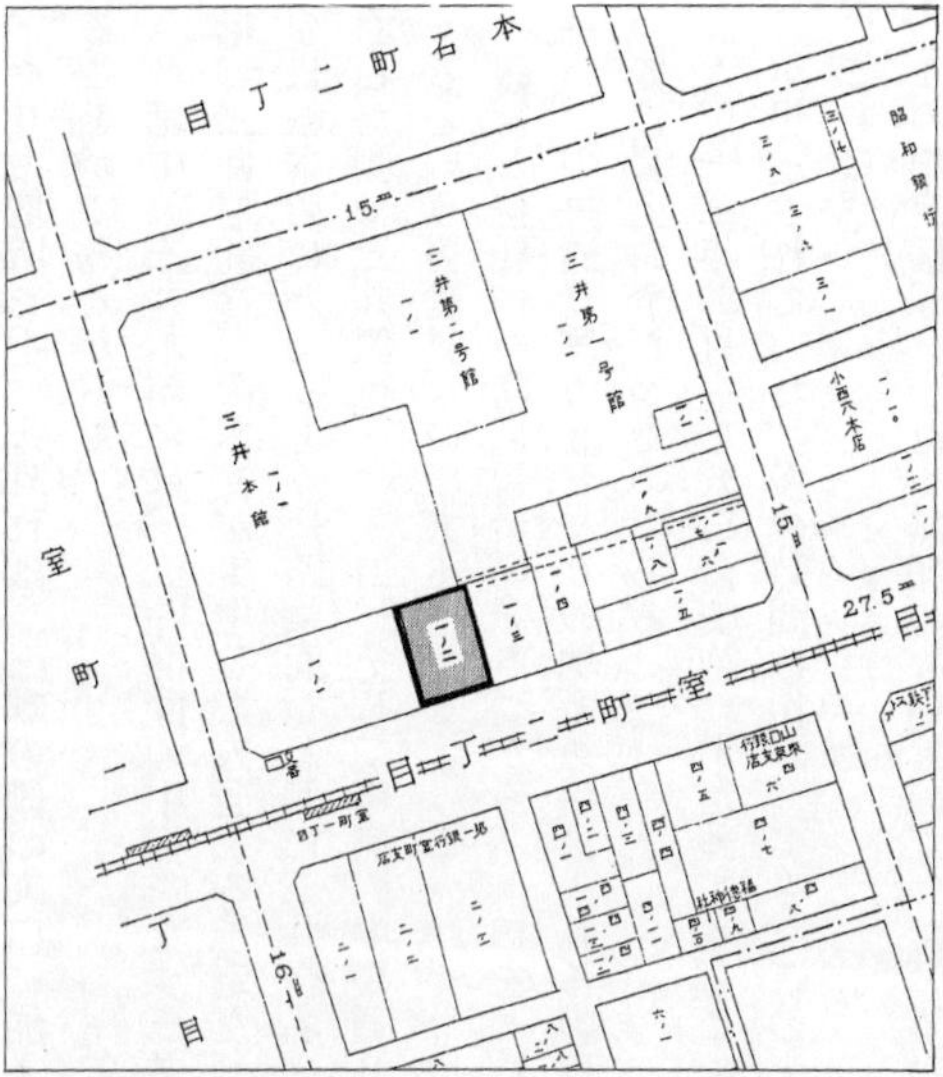

三井本館付近の地籍図（室町二丁目一ノ一が本館の土地、隣接する同一ノ二に久能木商店があった）

そのひとつは、関東大震災を機に、当時の東京市は震災復興の道路計画を立案中で、道路境界がいまだ決定されなかったためである。

そしてもうひとつの、最大の理由は、となりの土地が買えなかったためである。

三井の首脳陣は、旧三井本館を建て替えるなら、隣地を買収して敷地をさらに拡げたいと考えていた。日本橋から神田にむかういまの中央通りに面した側の北どなりの地所を手に入れれば、三越の側の入口に加えて、中央通り側からの入口も広くとることができるからだ。

計画中の三井本館には、三井財閥の中枢をなす三井合名、三井物産、三井鉱山、三井銀行、三井信託などの本社が集中して入居する予定だったから、入口は広いほどよい。西側の日銀本店にとなりあう道路に面した側に三井合名などへの玄関をつくり、南側の三越に面した側に三井銀行への入口、そして東側の中央通りに面した側に三井信託への入口をつくるという目論見なのである。

銀行と信託は一階に営業場をもつから、入口をそれぞれ別々にもっていないとつごうが悪い。中央通り側の北どなりの地所を手に入れるのは、信託側の入口を広くとる計画にとっては至上命令だったのである。

大正十三年二月二十五日の契約にあたっても、この北側隣地の買収を前提にした建設計画が想定されていた。多少時間はかかっても、この土地は買収可能だと、三井側は読んだのである。

この想定は、まったく無理のないものだった。震災直後で地価は下がっているし、空地もおおい。しかるべく資金を用意し、代替地でも用意すれば隣地の買収は十分に成功するはずだった。

なにしろ三井の本拠地を整備しようという計画である。金に糸目をつけるはずもない。

この頃日本の財閥の資力は、三井が七億円、三菱が五億円、住友が二億円、大倉が七千万円、安田が六千万円といわれていて、三井財閥の実力は群を抜いて日本一だと、自他ともに許していたのだから。

ところが交渉をはじめてみると、これが全然うまく行かない。となりでは、はなから手放す気なぞないのである。頭を下げてもダメ、金を積んでもダメ、まったく相手にしない。ダメといったらダメなのである。

ここには、久能木商店というのが店を構えていた。木造二階建ての店舗兼住宅は、入口やショーウィンドウ、看板などには新しい時代の息吹きが感じられはするものの、純然たる町家である。

こちらはアメリカ直輸入のデザインの最新式のビルを計画しているのだ、何とでも面倒は見るから、どうか立ちのいてくれと、三井側は切歯扼腕《せっしやくわん》したけれど、どうにもならない。町家に店を構える久能木商店は、いっかな動こうとしないのである。

天下の三井をこうまで手こずらせることになる久能木商店とは、一体どのような商店だったのだろうか。

「銀行も三井はつかわない」

久能木商店の主は久能木宇兵衛といった。久能木商店の当主は代々宇兵衛を名のっていて、このときの当主は三代目久能木宇兵衛である。この三代目は、「唐様で書く三代目」などとは大違い、その意気はすこぶる軒昂で、三井なにするものぞ、といった気概に燃えていた。

久能木家の出は、もともと山梨である。俗にいう甲州商人だ。

久能木家が甲州から江戸に出てきたのは文久二（一八六二）年のことだった。このとき上京したのは久能木家の二兄弟、宇兵衛と助右衛門で、宇兵衛は日本橋の室町、つまり三井の北どなりに店を構えるまでになり、助右衛門の方は新橋の汐留町に落ちつくようになる。

久能木商店をつくる宇兵衛は、はじめ甲州屋宇兵衛を名のっていたが、葉茶屋を営むようになり、江戸から東京への変化をかいくぐって、自らの店の基礎を固めた。

この初代宇兵衛の跡をついだ二代目宇兵衛は、先代の家業を墨守するのではなく、すこぶる意欲的に新しい事業を展開していった。葉茶屋であった久能木商店（久能木本店というのが正式の名であるらしい）を、久能木式石油コンロ、久能木式吸入器、久能木石けんなどを扱う近代的商店に衣がえしていった。

久能木式石油コンロは大層売れゆきがよく、そのためか当時の久能木商店のことを「あそこにストーブ屋さんがありましたな」と記憶している人も多い。

けれども久能木商店は決してストーブだけを扱っていたのではなく、吸入器（昔は風邪をひくと、じっと吸入器を当ててノドの治療につとめた）の大手扱い業者でもあったし、高級石けんとして花柳界に評判のよかったという久能木石けんの発売元でもあったのだ。さらには体温計も売り出していたというし、ポンクーバーというせきどめの薬も出していた。二代目宇兵衛はこうした商品の宣伝にも力を入れ、大正時代には「料理の友」という雑

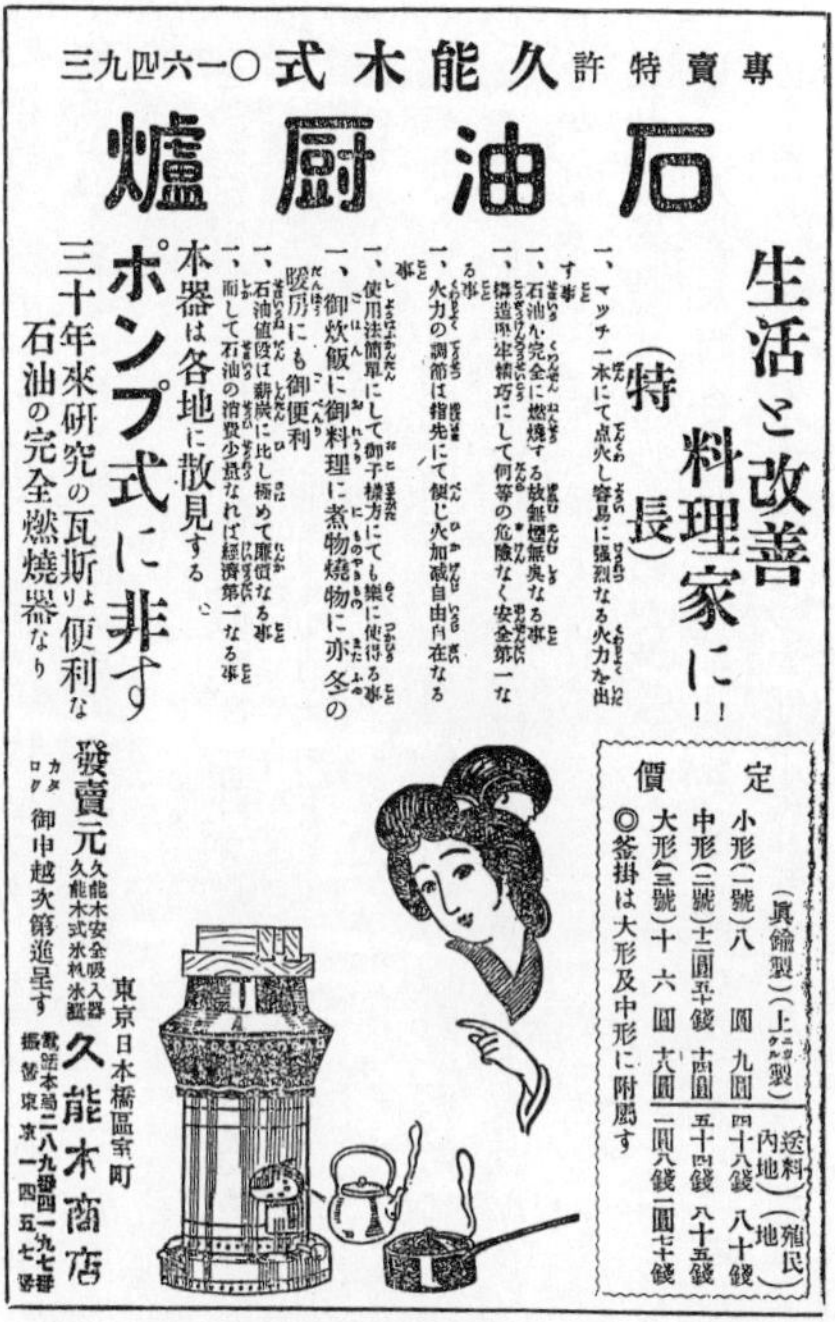

「料理の友」に載った久能木商店の一頁広告

誌に毎号一頁広告を載せ、商品にくじをつけて五百円の賞金を出すというようなこともしたという。そして日本橋室町の店のほかに、浅草雷門にも営業所を設けて手広く商売を行なっていた。

この二代目宇兵衛をついだのが、三井からの買収交渉に立ちむかった三代目宇兵衛である。しかもこのとき、彼は大正十一年に歿した二代目をついでから、ほんの二、三年しかたっていなかった。

繁昌している久能木商店を二代目から引きついだとたんに、となりの三井に店を売ってしまったりしたら、三代目宇兵衛にとっては面目まる潰れだろう。彼は頑として買収に応じなかった。

三井側は譲歩に譲歩を重ねた。

じつは久能木商店の建っているところは借地なのである。地主は近藤利兵衛といって、このあたりに多くの土地をもつ大地主だった。こういう借地による店構えはこの当時ふつうのことだったから、三井としては地主と借地人の双方に交渉した。けれども眼目は久能木商店である。

久能木商店には木造一二〇坪の床面積をもつ本屋《ほんおく》と、一六〇坪の付属建物があり、このほかに一二坪の石蔵がある。

こうした建物に対する補償として、本屋と付属屋を含めて木造家屋に対しては坪当り二百円、石蔵については何と坪当り五百円を出しましょうと言って、総計六万二千円を計上した。千円あれば十分立派な家が建つといわれた時代である。どれほど三井がこの土地を欲しがったかが窺われよう。

しかも、この家屋補償に加えて借地権、立のき料、さらには迷惑料まで考えて久能木側には総計二十一万八千百三十五円二十九銭のお金を支払いましょうと出た。このとき地主の近藤利兵衛に対しては十七万一千七百六十六円八十一銭出すといっている。

地価の高騰を招くおそれのある提示価格などといったどころではない、もう破れかぶれの指し値だといってもいいだろう。

しかし、結局久能木商店は首をたてには振らなかった。意地と意地の張りあい、壮大なる大喧嘩のままで終ってしまったのである。久能木商店の隆盛、代替りの節目などを、三井の側はどこかで読み誤ったのだった。

しかも、久能木家の方には、もうひとつ別の情勢があった。それは文久二年に宇兵衛とともに上京し、汐留町に居を構えた助右衛門の方の久能木家の動きである。

助右衛門筋の方の久能木家の当主は、この頃、芝区の度量衡の協会の理事をつとめ、そうしたところから震災復興後の区画整理委員長として、芝区内の土地の再編にたずさわっていた。そして、やがて新橋、汐留、田村町などを中心として土地を集積し、大地主へと成長してゆくのである。

はっきりとは解らないが、汐留の方の久能木家は、明治末年には下渋谷の方に六〇〇坪弱の土地をもつ程度であったのが、昭和十年頃には芝区屈指の大地主に成長してゆくのであるから、日本橋室町の久能木家が三井と土地買収の攻防をくりかえしている時期は、芝区における土地集積の時期に一致するはずである。久能木家はこの時期、土地購入に燃えていた。

そうした一族であってみれば、室町の土地を撤退することは一族のポリシーにとっても受け入れられるものではなかったろう。久能木一族にとって、土地は三井家にとってのそれに勝るとも劣らない重要な要素だったのである。

「銀行も三井はつかわない」

これが久能木家の合い言葉だったとは、久能木家の歴史を語って下さった久能木武四郎氏の直話である。

戦後に実った三井の執念

隣地買収にこうして失敗した三井側は、予定していた計画を大幅に変更、中央通り側の間口を狭くした設計案に切り換えて三井本館建設に踏み切らざるを得なかった。

そのため中央通り側の柱間《はしらま》が当初の計画よりも狭くなり、それに合わせて南の三越側の柱もその間隔がせばまり、南面全部で十六本建つはずの柱が、十八本にふえた。かくして、三井本館は昭和四年に竣工する。

しかしながらこの出来事は、東京における最強の土地を誇る三井側にとっては、よほど無念だったようで、三井本館竣工から半世紀以上たってまとめられた『三井不動産四十年史』は、いまだ興奮さめやらぬ調子でこう記している。

「新本館を建設するに当って、室町通り（中央通りに同じ）に面する隣地の買収は、地主の法外な要求に応じきれず、結局合意に至らなかったため、設計を一部変更せざるを得なくなったのである。この設計変更の結果は、室町通りの所でくびれた形をとっている本館の現状に明瞭に残っている」

三井を寄せつけなかった久能木商店だが、第二次世界大戦末期にいたって、強制疎開にあってついに取り壊されることとなった。木造商店のままで建ちつづけていたことが、ここで裏目に出たかたちになる。

久能木商店としては、これは如何《いかん》ともしがたい事態であった。前もってビルにしておけばこうはならなかったはずであろうが、改築ということになれば、地主は久能木商店に立退きを求めるかもしれない。結局、この事態は避けられずして迎えた終局だった。

久能木商店は須田町の方に移り、やがて戦後の混乱が収まった昭和二十八年、ようやく三井不動産はかつて久能木商店のあった土地九三坪二合九勺を取得、昭和三十三年に本館増築部分を竣工させた。

とうとう、都内最強の土地をもつ三井の執念が実ったのである。

10 目黒区目黒

「目黒の殿様」がみせた士魂商才

——明治の秀才・久米邦武の土地に対する先見の明

『米欧回覧実記』と久米邦武

日本の近代化の歴史のなかで、岩倉使節団がはたした役割はとてつもなく大きいものだった。

この使節団は、右大臣だった岩倉具視を特命全権大使とし、木戸孝允《たかよし》、大久保利通、伊藤博文らを中心に、四十六名の団員が明治四年に横浜を出港、明治六年まで米欧を回覧したものだ。回覧といっても観光旅行ではなく、条約改正の下準備と、西欧の近代的諸制度の調査が目的だった。

条約改正の方は、出かけてみると思うほど簡単でないのが骨身にしみて解り、使節団の眼目は近代的諸制度の視察が中心となった。

使節団の見聞は、彼らの帰国後、五冊からなる『米欧回覧実記』としてまとめられている。これを読むと彼らがアメリカ、英国、フランス、ベルギー、オランダ、ドイツ、ロシア、デンマーク、スウェーデン、イタリア、オーストリア、スイスの諸国を巡りながら、いかに旺盛に文物を観察し、自分たちの目でそれらを判断しているかが窺われて興味深い。

けれども、主要メンバーの顔ぶれを見ただけでも解るとおり、この使節団は維新成って日の浅い明治政府の半分がこれに参加してしまったようなものだった。政府の半分が国をあけているあいだに、国内に残った西郷隆盛、江藤新平らは征韓論をとなえて国論をまとめ上げようとしていた。帰国した大久保利通や岩倉具視らはこれに驚いて議論を逆転、いまは外征のときではなく国内を固め欧化に励み、国力を充実すべきときだとした。だいたい、岩倉使節団が外国に出ているあいだは重要な国策は決定しないようにと留守政府に約束させておいたのだったが、やはり使節団の外遊中は何も決めたり、方向を打ち出したりするなというのが無理だったのかもしれぬ。

使節団が帰ってきてふたたび国論がくつがえり、征韓論にやぶれた西郷、江藤らは野に下る。やがて明治七年、江藤新平は佐賀の乱をおこしてやぶれ、大久保利通の憎悪を浴びて処刑され、その首はさらしものにされる。

西郷隆盛もまた明治十年、西南戦争をおこして鎮圧され、自らその命を絶つ。

岩倉使節団は、そのメンバーたちがそれ以後、本格的に欧化政策をとり、明治維新のなかに流れていた復古という気分を捨て、不平士族たちを切り捨

岩倉使節団に参加した久米邦武

てゆくひとつのターニング・ポイントになったできごとだったように思うのである。

無論、神道家たちや不平士族たちが消えてしまったわけではない。けれども彼らは、もはや維新は復古ではなく、武士の勢力のつづく時代ではないことを悟らざるを得なかった。『米欧回覧実記』五冊を読んだ人々は、そこに武士道的倫理にあふれた西洋観察が満ちていることに気づくであろうが、そうした目で観察してもなお、西欧文明の圧倒的な力と目を見はるばかりの成果とを認めざるをえなかったことを知ったはずである。

じっさい『米欧回覧実記』は、十九世紀末のヨーロッパ文明の百科事典ともいうべきほどに、あらゆる文明事象を書き記していた。だから『実記』は全百巻、五編五冊からなる大冊であるにもかかわらず、人々は大いにこの大報告書を読んだ。当時この書物は版を重ねて第四刷まで発行され、総部数が数千部に及んだという。最後の第四刷などは、分割払いの普及版としても売られたというから、その人気のほどが知れよう。

さて、この『米欧回覧実記』を書いたのは、岩倉使節団に三十三歳で参加していた旧佐賀藩士久米邦武であった。三十三歳というと若いようだが、岩倉使節団は岩倉具視の四十七歳が最高齢で、大半の団員は二十代から三十代前半だった。

久米邦武はこの使節団の報告書をまとめるための要員として団に参加したのだった。彼は天保十（一八三九）年に生まれ、佐賀藩の藩校弘道館や江戸の昌平黌《しょうへいこう》に学び、藩主鍋島直正の近習《きんじゅ》となって維新をむかえる。明治になってからは弘道館教諭、佐賀県権大属、大属、権少外史となって、使節団に加えられるのである。

佐賀は、薩長土肥ととなえられる維新の雄藩のひとつであり、明治政府の藩閥体制を支える側であった。久米邦武も若いころから佐賀藩の「義祭同盟」に参加し、副島種臣、江藤新平、大木喬任《たかとう》、島義勇《よしたけ》、大隈重信らとともに尊皇思想を学んでいた。久米は彼らのなかでは最年少だったが、雄藩のエリートとして、維新後の活躍は予約されたも同然であった。

『米欧回覧実記』は、こうした彼の処女著作であり、最大の著作となる。その執筆には使節団の旅行中から片時もメモをはなさず準備をし、明治六年九月に帰国してからは太政官外史記録課長、大使事務局書類取調御用などの役職で『実記』編修にとりくみ、明治十一年十二月末にその刊行にこぎつけたのである。

この執筆の間、佐賀の乱や西南戦争があったことはすでに述べた。佐賀の乱には、彼の郷里の先輩であった江藤新平、島義勇らがかかわっていたから、久米の心境は複雑だったろう。特に江藤新平には、明治二年に江藤が『藩治規約』を佐賀藩のためにまとめるのを手伝ったりもしていたから、特別の感慨をもったことであろう。

久米邦武が岩倉使節団に加わらず、国内に残りつづけていたとしたら、佐賀の乱に加わらなかったとは断言できないからである。けれども実際は、佐賀藩出身者のなかでは大隈重信にもっとも近かったというから、久米が佐賀の乱に参ずることはなかったろう。

使節団の記録編纂者としてつぶさに欧米を見た彼は、不平士族の乱に加わることもなく、冷静に時代を見つめていた。帰国後の彼はすこぶるつきの合理主義者だったという。

『実記』編修の賞金で買った五〇〇〇坪

彼は『米欧回覧実記』を完成させたときのことを、つぎのように回想している。

「岩倉大使一行の米欧回覧実記の印刷製本は、此の年漸《ようや》く完成して、之を天覧に供した処、(明治十一年)十二月二十九日金五百円の賞金を賜つた。当時、西南戦役の直後で、政府の財政信用は地に墜ち、対外為替の変動常なく、不換紙幣は低落の一途を辿《たど》るのみで、不動産とするのが最も安全と考へ、この賞金に補足して、白金台町の外《はず》れ権之助坂上に五千坪余の土地を購ひ入れた」

彼が「変動常なく」と感じたのは、何も為替相場のことだけでなく、人事万般にかかわることだったのであろう。

江藤、島という佐賀藩の先輩は乱にたおれ、使節団の主要メンバーも、木戸孝允が歿し、大久保利通が暗殺されていた。そしてこれらすべては、彼が帰国してから『実記』刊行にこぎつけるまでの間のできごとだったのだ。

『実記』編修の事業をおえ、ふと首《こうべ》をめぐらせば多くの先人たちがすでにこの世の人ではない。彼がそうした感慨のなかで受けた「賞金」であってみれば、これをなにか形にのこる確実なものにしておきたくなったのも、自然の情であったかもしれぬ。

しかし、それにしても、いくら大部の報告書とはいえ、五編五冊の本を書き上げる仕事で五〇〇〇坪の土地が手に入ったとはうらやましい。一冊一〇〇〇坪ではないか。「白金台町の外れ権之助坂上」とは目黒のあたりであるが、当時は「植木溜のやうになつて、実収は少ないが、富岳の眺望を楽しむ丈《だけ》の土地」だったという。この目黒の風景といい、それが購入できたことといい、まさに隔世の感がある。

彼は目黒の土地を「林間の山荘」といった気分でつかうつもりだった。というのも、彼の本宅は別にあったからである。

岩倉使節団の帰国後、彼は東京築地に居をかまえていたが、明治八年に京橋の三十間堀二丁目九番地というところに転居していた。

ここは明治の赤レンガで有名な銀座レンガ街の一角にあたる。銀座レンガ街というのは、明治五年二月二十六日に和田倉門内兵部省構内から出火し、二千九百二十六戸を焼いた大火に端を発している。この大火の復旧にあたって、銀座地区の道路を拡幅し、レンガによる家屋を建設しようというのがその計画の大筋である。大蔵省のお雇い外国人であるトマス・ジェームズ・ウォルターズ（一般にはウォートルスといわれていて、これはやはり明治期の外国人建築家ジョサイア・コンダーがコンドルとかコンデルと呼ばれるのと同じだ)が、この銀座レンガ街の実際の計画に当った。彼はここに建てられた九百十七棟の家屋のほとんどすべての設計にタッチしたといわれるので、久米邦武の家もウォートルスの手を経たものであったに違いない。

工事は、明治五年三月十九日、道路拡幅のための杭打ちからはじまり、大通り沿いの銀座一、二丁目の西側部分三十五戸が明治六年五月に完成した。しかし、江戸の気分がそのままに残る銀座に、忽然として現われたレンガ造の家屋は、ここに住めといわれても東京市民にはなかなかなじめなかったようで、家屋は完成したものの、少なからぬ部分が買手のつかない空家として残ってしまった。明治六年十二月には、木挽町以東のレンガ造家屋の建設は空家をつくるためだけの工事になりそうだから、当分見合わせることにしようということになって、事実上工事が中止されている。

銀座地区については、裏の通りの方は土蔵造りでもよいという風に規則を緩和したりして、一応は大部分をレンガ造で建設し、明治十年五月に全体の完成を見る。

ということは、久米邦武は銀座レンガ街がまだ完全には出来上らない明治八年に、敢然としてこの地区に自ら居を構えたということになる。前住地の築地はもともと外国人居留地のあった町であるし、今回の住居も日本の都市のなかにあっては前人未到のハイカラな実験住居といってもよい場所である。欧米の見聞を積んだ進歩的知識人の典型とはいえ、彼がどれほど進取の気象に富んだ合理主義者であったかが窺われよう。だいたい、人間の思想などというものは、表に現われる理屈だけを聞いていては何も解らないもので、その人の生活のスタイルや、家での暮らし方のほうに、本音としての思想は現われるものなのだ。久米邦武は、その点では間違いなく、文明開化の都市の住人だった。

久米邦武の息子の桂一郎は「私の学生時代」という文章のなかで、当時の銀座はまだ全然町の体裁をととのえていなくて、店などほとんどなく、大部分はあやしげな「猿芝居や生き人形など見世物で」満たされていたと述べている。生活の地についた町ではなかったわけだ。

明治初年にレンガ造の町が忽然とあらわれたのだから、それも無理なかったろう。銀座通りの裏側に一般住宅として建てられた建物も、「これ迄必要と云はれた玄関、床の間の様なものは全く無用のものとして、実用に必要な丈けの構造をした住居」だったというから、なかなか昔ながらの庶民には暮らせるものではなかった。「従つてその裏通りには多く進歩主義の官吏の住居等沢山あつたのである」ということになる。

息子の桂一郎が書き記した「進歩主義の官吏」のひとりが父親邦武というわけだ。

邦武じしんはここを一種の事務所と心得て、半洋風の生活をはじめたといっている。だから、「林間の山荘」のつもりの目黒の土地に、やがて生活の本拠を築く心づもりは、比較的早くからあったにちがいない。

世のなかが「変動常なく」うつることをつぶさに見ていた彼は、いくら佐賀の藩閥に属していても、官界に身を投ずるのは危険をともなうと考えたらしい。

彼は若いころから理路整然と議論を展開し、藩内でも「久米の才弁」として一目置かれていた。けれども「人はそのもっとも得意とする能力において亡ぶ」ともいう。彼は自分が理屈では敗けぬ自信があるだけに、自分の理屈の危険を感じていたのかもしれない。佐賀の先輩で、同じく「才弁」をもって知られた江藤新平の佐賀の乱における命運の末を見たばかりであってみれば、よけい自戒せざるを得ない。

「恒産をもって恒心を保つ」、この心が彼に目黒の「林間の山荘」を求めさせたのだろう。だが、彼の予感は不幸にもじきに的中してしまうことになるのだが。

それはいま少し後のこととして、このときの彼の心境はこうだった。

「当時の余の考では、官海の波瀾も中々に浮沈が多くて安心出来ぬから、世の荒波に洗はれぬ修史館などに蟄居《ちっきょ》して、実業家の連中と往来し、政治上の運動には遠ざかりたいと思うて居た」

この言葉どおり、彼は目黒の土地を買った翌年「修史館」の編修官となり、役人から歴史家へと身を引いてゆく。「修史館」はほどなく「臨時修史局」となり、そのあとまた

「帝国大学」に移管されたので、それに伴って明治二十一年、彼は帝国大学文科大学教授となり、国史の研究にいそしむことになる。赤レンガの住居で半洋風の生活を送る「進歩主義の官吏」だった彼は、ここに日本の古代・中世を研究する学者に転じた。

久米の士魂と理財の才

久米邦武の生活の基盤をもう一度整理しておきたい。

彼が京橋の三十間堀にレンガ住居を構え、目黒に五〇〇〇坪の土地を購入したことはすでに見て来た。ところがこれ以外にも彼は土地を入手していた。「目黒不動の七八丁許《ばかり》西、戸越に約一万坪」の土地を彼は買っていた。目黒不動の五〇〇〇坪購入より前のことである。このときも、士族が禄をはなれて帰農しなければならなくなったときには、塗炭《とたん》のくるしみを味わわねばならぬから、それに備えるという心づもりがあった。

意地を通せば禄を失うという武士の生き方を支えるうしろ備えとして、農地を買ったのである。つまり、これによって三十間堀の家が事務所で、戸越の土地が菜園、目黒の土地が林間の山荘という構えができ上る。

こうした土地の構え方は、近代社会のなかで生活の基盤をつくってゆこうとする理財家の面目躍如とも見えるし、武将のような周到な陣構えとも見える。おそらくはその両方だったのだろう。

明治というのはそういう時代だった。

武士の魂と合理主義の併存、前近代と近代の価値観の併存、これを士魂商才といってもよいかもしれぬ。

国史学者としての久米邦武は、わが国の史学史上に残る論文を著している。

明治二十四年に『史学会雑誌』に発表した「太平記は史学に益なし」は、実証史学の史料批判の論文であった。いわんとするところは、名高い『太平記』は文学作品としては興味深くとも、その内容は史料的根拠に乏しいものが多い。よって「史学に益なし」ということである。物語と歴史を混同してはならぬという近代的史学の方法論として有名な論文であるが、同時にそのタイトルの刺戟的なことでも注目される。

同じ年、彼は同じ雑誌につづいて「神道は祭天の古俗」という論文を発表する。この論文もまた国史学者と神道家との間の衝突を引きおこす史上名高いものである。ここで久米は、わが国の神道祭祀の形態には、アジアに広がる古代の民俗祭祀と共通するものがあることを論じた。神道を文化人類学的あるいは民俗学的に見ようとする視点のあらわれといってよいかもしれない。

「神道は祭天の古俗」一篇は、果然神道家たちの攻撃をよんだ。

維新は復古とならず、欧化の波のみ高い時勢に鬱屈していた神道家たちは、この論文を不敬であり国の根幹を危うくするものだとして反発し、ついに明治二十五年三月、久米は帝国大学文科大学の非職を命ぜられた。

久米はこの論文に文章の足らざるところのあったことは認めたというが、結局は自説を奉じたかたちで官をしりぞいた。「変動常なく」うごくものは、為替相場と官界の勢力だけでなく、学界の地位もまた同じであった。

明治二十五年三月二十九日、官を辞して「全く一個の野人」となった久米邦武は、以前に用意していた目黒の「林間の山荘」に引きこもることとした。明治二十九年には母と妻が相ついで世を去ったので、半洋風の生活を送っていた三十間堀のレンガ街の住宅は売り払い、目黒が本邸となる。こちらは純日本風の農家のような住いで、能楽を好んだ彼は、ここでときに能を演じたりした。

こうして世から隠れ、山荘に静かな生活をおくる日々が久米の上に訪れたかといえば、そうでもなかった。以前から佐賀出身の盟友大隈重信の早稲田大学（はじめは東京専門学校）で、彼は史学を教えており、この関係は生涯にわたってつづく。歴史学者としての舞台は帝国大学から早稲田大学にうつったが、その活動はつづけられるのである。

郊外の住宅地に変じた「林間の山荘」

目黒の土地にも変化が訪れていた。

「明治十七年頃品川から赤羽に通ずる山手鉄道が開通する時、線路は此の山荘の側を通過して目黒駅を設けられ、多少便利な土地となつた」

彼はこのように回想している。いまの山手線目黒駅である。東京は徐々に拡大をとげ、「林間の山荘」は郊外の住宅地に変貌しつつあった。そしてやがては繁華なターミナル駅前のひとつとなってゆくのである。

問題は彼がそうした発展を見通して、いわば土地投資として目黒の地所を購入したか否かである。久米邦武は才弁をもって知られるとともに、その理財の才によっても知られていたらしいが、私は彼が土地投資を事としたとは思わない。将来発展の地として目黒に着目したのではなく、「林間の山荘」を求めたのだと思うのだ。士魂によって求めた土地が、結果として繁華な場所になってゆく、それが目黒だ。

後に、彼は地所の一部をビール会社に売って、その代金をほとんどビール会社の株券に替えたという。現在も山手線恵比寿駅のそばに残るビール工場、少し昔の大日本麦酒の工

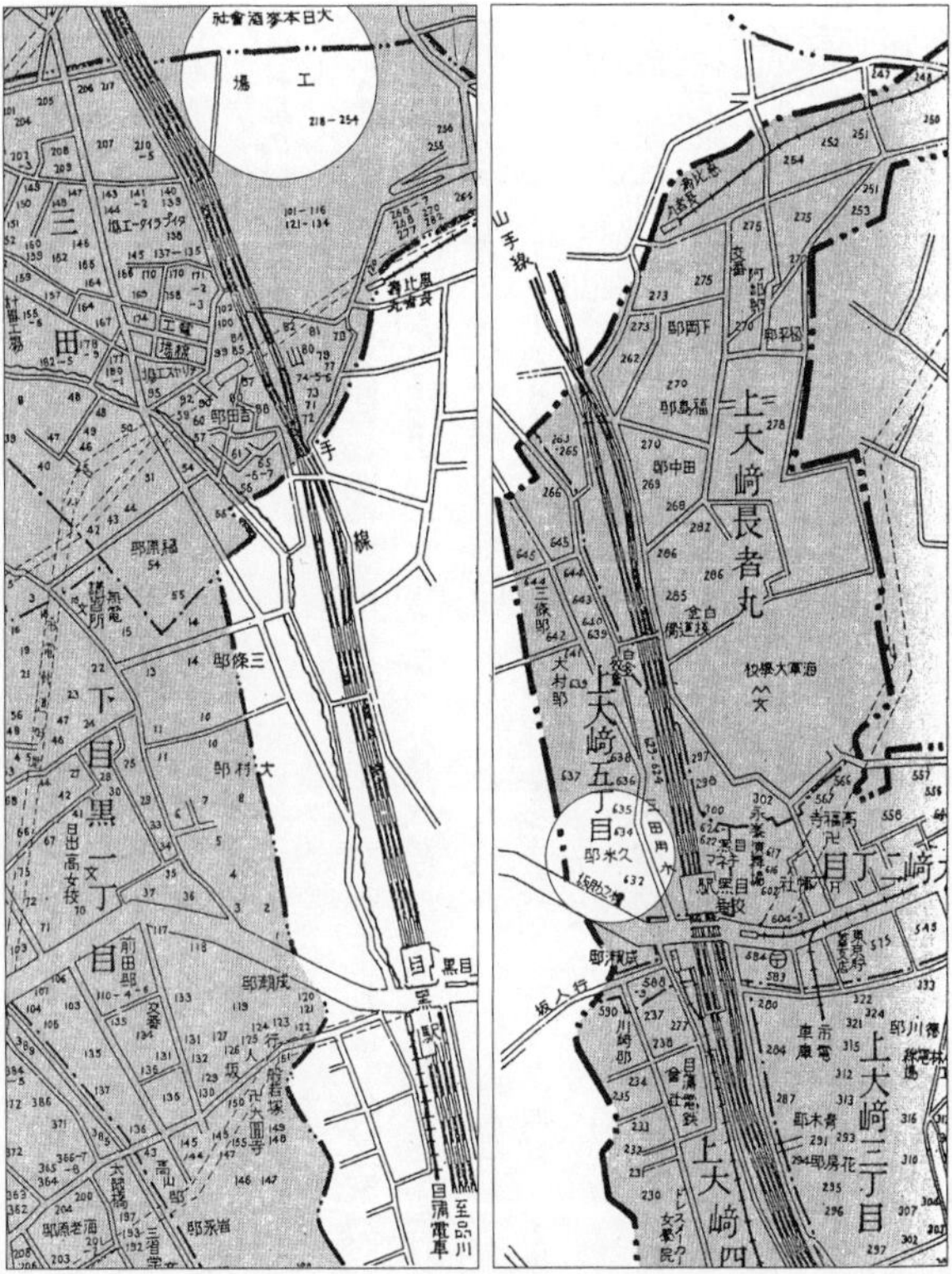

昭和 8 年当時の久米邸（右丸印）**と大日本麦酒会社工場**（左の丸印）
（内山模型製図社『品川区全図』及び『目黒区全図』より）

場の一部がそれだということになろう。

彼は土地資産の一部を産業投資に振り替えたことになる。ビール会社の配当でまた彼は潤ったと言われるけれど、これも理財の才だけではなく、一種の自然体の結果のように思われてくる。

「目黒の殿様」の産土神観

久米邦武の子、久米桂一郎は洋画家になった。一説によれば、神道家などの攻撃を受けて官学アカデミズムを去らねばならなかった邦武が、「子どもは学者にだけはしたくない」と思った結果だともいう。「変動常なく」うつろう生き方を嫌い、官界から学界へと移った彼は、子供が美術界に身を投ずることには寛容だったという。

桂一郎は明治十九年に渡仏し、明治二十六年に帰国するまでをヨーロッパにすごし、帰国後は東京美術学校教授となった。

同時期に欧州留学をしていた黒田清輝とは深くつきあい、白馬会という洋画家グループを結成して、新しい洋画の導入につとめた。

七年におよぶ外国生活のあとで帰国したときには、若き日の「進歩主義の官吏」だった父親の邦武を辟易《へきえき》させるほどの西洋かぶれぶりで、そのため「林間の山荘」を営み、日本的な生活をよしとしはじめていた邦武とうまくゆかなかったという。

帰国時には三十間堀の父親の住居に同居したが、そのあとは京橋の南鍋町、芝の三田、青山原宿、青山高樹町などに住み、目黒の邸宅（住所のうえでは上大崎である）に同居するようになるのは、大正六年のことである。しかもこのときは大隈重信が勧めてようやく同居ということになったらしい。

けれど、ここにひとつ極めて面白い絵が残されている。親友の黒田清輝が久米桂一郎を描いたものだ。

横をむいた桂一郎は、葉巻きを口にして絵筆を走らせている。早いタッチで描かれた、いかにも親友を描いた雰囲気あふれる好い絵だ。桂一郎の横顔の上には、大きく文字が書かれている。単語の最初の一文字だけを朱色にして、中世の写本のような装飾効果を上げている。左下に白い馬の

黒田清輝筆「久米桂一郎肖像」
（明治30年、久米美術館蔵）

シルエットを描き、自分の名前をローマ字で入れているのは、「白馬会」の同志黒田清輝というわけだ。

上の方に書かれた文字だが、これはKEIITCHIRO KOVMÉ LE SEIGNEVR DE MEGOVRO JANV 1897と読める。ここでVの字はUの字のことだから、この言葉の意味はフランス語で「目黒の殿様 久米桂一郎 一八九七年一月」ということになる。

つまり、明治三十年に黒田が親友久米のことをふざけて「目黒の殿様」と書いたわけだ。ここで少しばかり雑学を披露すると、明治から大正頃までは料亭などで客の呼名を殿様、御前、旦那とつかい分けていた。殿様は紀州とか尾州とか芸州とか国持大名か侯爵クラス、御前は勲功で男爵をもらったクラス、あとはいくら金持でも旦那というわけだ。

それはさておき、久米桂一郎は無論大名ではないし華族でもなかった。それに明治三十年にはまだ目黒の父親と同居もしていなかった。それでも「目黒の殿様」と黒田が書きたくなったのは、この土地に久米家の本拠が構えられていることを彼が十分に知っていたからだろう。これだけの土地を構えることは、明治の末ではすでに大名級のことだったのだ。

このあとの久米家の歴史を詳しくは知らない。

久米邦武は九十三歳の長寿を保って昭和六年に目黒の自邸で歿した。「目黒の殿様」の称号は、彼にこそふさわしかった。久米桂一郎は画家としてよりも美術行政家として大成し、昭和九年に六十八歳で、やはり目黒の自邸で歿する。

かつて、合理主義者だった久米邦武に、ある人が神の有無を問うた。

「神は産土神《うぶすながみ》として生を受けし土地の神あり、遠国に行くも、其の神之《これ》を護る」

これが彼の答えだった。彼もまた地霊を信じていたのではあるまいか。そしてその神は目黒に宿ったのではあるまいか。

現在、山手線の目黒駅を降りれば眼前に久米ビルが建っており、その八階に久米美術館があり、そこに邦武の事蹟も、「目黒の殿様」の肖像も収められているのを、人は目にするであろう。

11 文京区本郷

東大キャンパス内の様々なる意匠

——安田講堂はなぜ東大の〝象徴〟なのか

珍しく変化のない土地

文京区本郷の東京大学キャンパスは、江戸時代の加賀藩邸を転用してつくられたものだ。これは比較的よく知られた事実であるから、東大の主要な通用門のひとつである赤門が、旧加賀藩上屋敷の御守殿門というものだったことを知っている人もおおい。

本郷の加賀屋敷は、加賀藩の江戸における上屋敷だった。はじめこの土地は加賀藩の下屋敷として使われていたのだが、天和三（一六八三）年に上屋敷となったのである。上屋敷というのは、藩主が江戸に来ているときには本邸として使う屋敷だから、もっとも格式が高い。いわばその藩の江戸における顔だ。

加賀藩は幕藩体制のなかで重要な位置を占める雄藩であり、百万石と称される最大の大名家であったから、この上屋敷も江戸時代を通じて場所を変えることなく、この地を占めつづけた。

ついでに言っておけば、加賀藩の上屋敷はこの本郷だが、中屋敷は上屋敷の前の通りである中山道を北に行ったいまの文京区駒込にあり、下屋敷はさらにその先に行ったいまの板橋区加賀にあった。

これらの屋敷はみな、中山道に沿って江戸の中心から順に並んでおり、この中山道を下

安政6（1859）年当時の本郷付近

ってゆけば北陸金沢の国元にまでゆけるのだから、屋敷の配置を見ただけでも、さすがに整然と地所を構えた大藩だわいという気になってくる。

加賀前田家の屋敷が東京大学の本郷キャンパスになり、それが現在にまで続いているという歴史は、都内ではめずらしく安定した土地の歴史だということができ、これもまたいかにもわが国最初の官立大学の土地の歴史らしいものに見えてくる。

こうして、あまり変化のない土地というのは、都内では思うほど多くはない。

江戸から明治への変化をのり切った寺院などに、比較的安定した土地の歴史の実例を見出せるように思われがちだが、そうした寺のなかには、寺の場所は残ったもののの、寺地や境内の様子などは激変してしまったものが少なくない。春日局の墓所のある湯島の麟祥院など、そのよい例だ。ここも江戸時代にはずっと宏大な寺地を構えていたらしい。現在は春日通りから少し奥まったところに門を構えるこの寺院は、墓地を散策すると江戸の気分が濃厚に感じられる。風情のある墓石も多く、井上円了が東洋大学の前身をここに開いたという碑や、震災で亡くなった中国人留学生の慰霊碑などもあったりして、都内屈指の「金石文」の宝庫ではありつづけているが、その寺地は往時を思えばあまりに狭い。

安定した土地の歴史を示してくれるのは、むしろ明治以降の安定した組織の敷地になった土地だ。たとえば三番町の英国大使館のあたりは、明治以降変化しない数少ない土地のひとつだ。

だから、東京大学のキャンパスが不動の位置を占めつづけているという歴史も、大学の「実力」のうちなのかもしれない。

けれども、変化のない歴史というのは、はなはだ面白くないもので、「何事もなく世が過ぎました」というのでは、お話になりにくいものだ。事件がおきたり、波瀾万丈の冒険があってはじめて、物語が物語らしくなってくる。

数奇な運命をたどった土地の方が、土地の歴史としてはおもしろい。しかし、そういう

「数奇な運命」だけを探っていたのでは、お話としてはおもしろくとも、なにか土地の真実味からはずれてしまいかねない。

というところで、安定した土地と思われている場所を調べてみると、これはこれで結構それなりの歴史を秘めていることに気づいたりする。

東京大学の本郷キャンパスがそれだ。

ここでの物語は、ひとつの土地のなかでの微妙な表情を追うことになる。

なぜゴシック様式になったか

ところで、東京大学の象徴というと、ふつう何がイメージされるだろうか。

赤門、三四郎池、安田講堂といったところが、イメージのビッグ・スリーではないだろうか。

赤門は先にも述べたように、加賀藩時代の遺物であり、都内にはめずらしい大名屋敷の遺構として、いまでは国の重要文化財になっている。江戸以来の伝統を誇る土地であることを示す、もっとも由緒深いシンボルといってよいかもしれない。

三四郎池の方は、やはり加賀藩時代の大名庭園の池なのだが、三四郎池という名前じたいは、夏目漱石の『三四郎』にちなむ。

この池の正式名称が何なのかを、実は私は知らないのだけれど、大学の出しているパンフレットにも三四郎池の名は使われているから、これが公式にも通用する名称であることにまちがいはない。とすれば、この池の名は明治の文化の産物ということになる。

最後に残った安田講堂だが、これは大正の産物だ。安田財閥を築いた安田善次郎の寄付によって大正十四年七月六日に竣工しているからだ。

もっとも安田講堂という名称は通称のようで、この建物は単に「大講堂」とよぶのが正しいらしい。けれども安田講堂の名は、昭和四十四年一月の東大闘争のクライマックスをなす安田講堂の封鎖解除の攻防とともにわれわれに印象づけられているし、その姿は予備校や受験雑誌を通じてもっともポピュラーだ。

このように見てくると、赤門、三四郎池、安田講堂は、江戸、明治、大正の文化によってそれぞれイメージがつくられたものだということが解ってくる。そしてこのうちでは、安田講堂が一番、「大学の権威の象徴」としてのイメージが強いのではないかと思われてくる。

たしかに安田講堂というのは妙なかたちをしている。

角ばった時計塔が中央にそびえて、その四面のそれぞれに時計をつけているのだが、塔の上部には壁の一部が立ち上って、西洋の城砦風になっている。だからこそ、東大闘争の時代には「安田砦」などとよばれもしたものだ。

壁全体を見ても、縦の線が強調されている。そして正面の入口の車寄せには、円弧を組み合わせたようなアーチが形づくられて、入口となっている。このとんがりアーチのことを尖頭アーチというのだが、これはゴシック様式の特徴である。

縦線の強調というのも、ゴシック様式の基本的性格のひとつである。

つまり、安田講堂はゴシック様式を基本にした建築だということが解るのである。とはいっても、安田講堂では、ゴシック様式が簡略化され、近代化されているから、ヨーロッパ中世のゴシック様式というより、近代型のゴシックである。

この点は、本郷のキャンパスの中央部分を占めるほかの校舎群にもあてはまる。ここに見られる校舎には、バットレスとよばれるゴシック様式特有の控え壁や、先にも述べた尖頭アーチがかなり頻繁につかわれていて、近代型のゴシックが統一的に採用されていることが見てとれるのである。

本郷の東大キャンパスは、主要な校舎を近代型のゴシックで統一した、なかなか見事な建築群からなっているのである。いまではこれは、東京における歴史的な町なみのひとつである。

ところで、東大の本郷キャンパスには、なんで近代型のゴシック様式が使われているのだろうか。

一般に、大学の校舎というとゴシック調のものが多いのは事実だ。東京三田の慶応義塾大学の昔の図書館など、赤レンガの見事なゴシック様式だし、キリスト教系の大学、たとえば明治学院大学などには、ゴシック様式のチャペルがあったりする。

もっと話をひろげれば、中世以来の伝統をもつオックスフォードやケンブリッジの大学には、本物のゴシック建築がいまだに建ちつづけていて、使われつづけている。アメリカの大学を見ても、東部の名門イェール大学など、ゴシック様式の校舎群が壮大に建ちならんでいる。

大学の発生が中世の修道院にあるとすれば、中世キリスト教会の様式だったゴシックが、そのまま大学の校舎の様式になっていっても不思議はないのかもしれない。

というわけで、大学の校舎はゴシック様式が当り前だと、いままで思い込んでいた。だが、大学がすべてゴシックというわけでもないことにそのうち気づいた。

いまは正式になんと言うのか知らないが、パリの中心部に建つソルボンヌ大学は、パリのほかの建物と同じように古典主義の建物を校舎につかっているし、ニューヨークの名門コロンビア大学も、堂々たる古典主義の建築群がキャンパスの中心部を占めている。マサチューセッツ工科大学（MIT）の校舎だって同じだ。

学問の表現としては、本来どのような様式の校舎が建てられてもよかったはずだ。いわんや日本の大学においてをや、である。

さながら建築表現の見本市

調べてみると、日本の大学の校舎の出発点には、日本のそれまでの建物が、つまり武家屋敷がつかわれていることが明らかになってきた。

東京大学の淵源をずっと遡ってゆくと、貞享元(一六八四)年に江戸幕府に設けられた天文方にまでゆきつく。

けれども幕府が本腰を入れて西洋の学問を調査しようとしたのは、幕末に蕃書調所《ばんしょしらべしょ》がつくられてからだ。洋書のことを蕃書とよぶなど、幕府の誇りと焦りが裏表になったような雰囲気がでていておもしろいが、この蕃書調所は、はじめ九段下にあった竹本図書頭正雅屋敷に設けられていたのである。安政二(一八五五)年の暮れのことだ。

いくら洋書を調べるといっても、幕府の役所のひとつなのだから、ほかの役所とおなじように、武家屋敷のひとつをつかうというのはごくごく自然の決定である。新しい学問にふさわしい建築表現を考えようなどと、幕閣たちが思うはずもないし、思わなくて当然である。

ところが、思わぬ障害がおきた。

安政二年の暮れに竹本図書頭正雅屋敷をつかうことに決めたのに、翌年二月から十一月まで、半年以上にわたってこの屋敷は改修工事をうけているのである。

理由はただひとつ。

「くらい」

このことである。

改修工事の理由には、はっきりと「洋書研究のためには採光不十分なので」と書いてある。日本の屋敷は、木版や和書や漢籍を読むくらいならできるし、深い軒の出が落ちついた雰囲気をつくってくれていて、まことに好ましい。けれども細かい活字で印刷された洋書を読むとなると、決定的に採光不足だったのである。無論当時は電気スタンドなどないし、昼間から行燈《あんどん》をつけてもはじまらない。学問にふさわしい建築表現などと小むずかしいことをいう以前に、どうも日本家屋は新しい学問には不向きなのではないかということになった。

時代が明治に入ってゆくなかで、蕃書調所は洋書調所、開成所、開成学校と変化しながら、大学南校というものになってゆく。

一方、安政五（一八五八）年に江戸お玉ヶ池に開かれた種痘所というのが、その後西洋医学所、医学所、医学校と変化しながら、大学東校になってゆく。

この大学南校と東校が合体してゆくところに生まれるのが東京大学であり、その合体の場所が本郷だったのである。

大学東校は神田和泉町、いまは秋葉原駅の北東に三井記念病院の建っているところにあった。南校の方は一橋門外、いまは如水会館の建っているあたりに設けられていた。

本郷キャンパスに最初に姿をあらわしたのは、大学東校の系列だった。これが現在の医学部の前身になる。明治九年に最初の校舎ができ上るが、このときの校舎のスタイルは木造で中央に塔をつけ、正面にポーティコを張り出した擬洋風建築といわれるものだった。この時期の旧東京医学校本館という建物はいま、小石川植物園のなかに移築されて残っているので、その姿を見ることができる。

擬洋風建築というのは日本の大工たちが洋風建築を見よう見まねで模倣してつくり上げた様式で、中央にかわいらしく塔をつけたりすることが多い。

ついでに言っておくと、中央に塔をつけて、左右対称形に建物をまとめ上げる擬洋風建築は、中央地方を問わず、学校と官庁の建築に多い。これらの建物は、いずれもお上の建築であり、堂々としている必要があった。同時に、こうした種類の建物はゆったりとした敷地に建てられることが多かったから、左右対称の構成に作った効果がちゃんと見えるし、塔を上げてもそれが町のなかでの目印にもなる。

それに対して、同じように洋風をとり入れるといっても、民間の建物、商店や銀行などでは、建物の角の部分に塔を上げることが圧倒的に多い。これは、建物がどのような敷地に建っていたかと深い関係がある。明治のはじめに洋風の商業建築を建てようなどと考える会社や商店は、いずれもその時代の有力会社だったから、建物の立地についても十分に配慮をすることができた。その結果選ばれるのが、都市内の角地だったのである。

商業建築にとっては、角地の角の部分に塔を上げるのが一番存在を示しやすい。かくして、官の建築は中央に塔を上げ、民の建築は角地の角の部分に塔を上げるという、ふたつの建築表現の流れが形成される。

とは言っても、この表現形式は洋風建築が都市のなかでの輝ける存在であった明治時代のことであって、やがて都市全体が洋風建築に埋められるようになってしまうと、塔をつけることの意味は消滅してしまう。

それでも、昭和に入ってからも、日本の角地のなかでもっとも角地らしい角地である銀座四丁目の服部時計店（和光）の建物には角の部分に時計塔が作られて、伝統を今に伝えている。

また、東大の安田講堂が中央に塔を上げているのに対して、ほとんど同時期に建てられた早稲田の大隈講堂が左右対称を外して塔を設けているのは、官学に対する私学の心意気だと解釈してもよいのかもしれない。

さて、この東校＝医学系につづいて本郷にやってくるのが南校の系列である。これは現在の法学部、文学部、理学部の源流になった。とはいっても、南校系列の建物はひとつだけにまとまってはいなかった。大きく文科系と理科系にわかれて、二種類の校舎が建てられた。

文科系、つまり法学部と文学部の系統は、明治十七年にその校舎を完成させる。設計の

コンドルの描いた東京大学建物配置案（『コンドル博士遺作集』より）

中心に当ったのは、英国からお雇い外人教師として来日し、建築を教えていたジョサイア・コンドルだった。

彼は無論擬洋風の校舎など設計したりしない。当時の英国でいちばんオーソドックスな様式であったゴシックを、彼は用いた。ゴシック様式はこの時代の英国では、特に大学のための様式というわけではなく、もっと一般的に用いられていた。現在もロンドンの代表的な建築である英国国会議事堂や、王立裁判所などは、みな一九世紀に建てられたゴシック建築なのである。

一番のりをした医学系の建物が擬洋風の建物を建てたのを尻目に、新しい法科・文科系の建物はヨーロッパ・スタイルの（もっと詳しくいうならば、英国ヴィクトリア朝スタイルの）校舎群をもつことになったのである。これらの校舎は医学校本館が木造建築だったのに対して、堂々たるレンガ造だった。

さて、この直後ここに、本郷キャンパスにおける第三陣が到着する。法科・文科系の校舎におくれること四年、明治二十一年に理学部系の校舎が建つ。こちらは法科・文科系と同じく、大学南校をその発祥の地とするのだが、本郷にやってきたときには、別の設計者による別の校舎に入ることになる。

理学部の前身、当時理科大学といわれた校舎は、文部省の技師だった山口半六が中心になって設計した。山口半六は、明治十二年にパリのエコール・サントラルという学校を卒業して、明治十四年に帰国し、十八年から文部省につとめた建築家である。法科・文科の校舎を設計したコンドルが英国人だったのに対して、こちらはフランス仕込みの建築家というわけである。

フランスは古典主義建築の伝統の強い国だったからか、山口半六は理科系の校舎を、簡略化された様式ではあるけれど、古典主義で建てた。これは古い写真を見るとよく解るのだが、この校舎には尖頭アーチもなければ、バットレス（控え壁）もない。赤レンガをむき出しに使ってはいるけれど、古典主義風の柱型を壁につけ、建物の中心部と左右両翼を対称にまとめた古典主義的構成を見せている。

こうして、医学系の擬洋風、法科・文科系のゴシック、理科系の古典主義と、三者三様の学府がたち並ぶことになる。学問の自由、表現の自由と見ることもできるし、建築表現の見本市と見ることもできる風景だったろう。

安田講堂の建築史的意味

ところが、ここに第四陣が到着する。

工学系の校舎だ。

東京大学に工学系の部門が入ってくるのは、ちょっと複雑な歴史の結果だ。大学南校の理科系の学問のなかには工学系の部門も含まれていたのだが、工学主体の学校は別にあった。それは明治政府がずいぶん力を入れて作ったと思われる工部省という役所の下に置かれた工部大学校である。

初代の工部卿つまり工部省の大臣になったのが伊藤博文だといえば、工部省の格の高さ、あるいは将来性が感じられるだろう。富国強兵、工業立国を目ざした明治政府にとって、工部省は虎の子ともいうべき宝だった。

だからこそ目はしの利いた伊藤博文は工部卿のポストをとったのだった。そして、この工部省の次代を担うべき世代を育てるために、彼らは自分の省内に工部大学校という教育組織をつくったのである。自分たちの虎の子だからというわけでもあるまいが、工部大学校は虎ノ門に建てられた。ちょうど今の、霞ヶ関ビルのあるあたりである。(ここに、百年近く後になって、日本最初の超高層ビルが建てられることになったのは、やはりこの土地の地霊がここを嘉《よみ》したもうたからだろうか。霞ヶ関ビルに幸あれ！）

それはさておき、工部大学校も本郷の東京大学に馳せ参ずることになる。工学系の校舎は、明治二十一年に本郷キャンパス内にその姿を完成させる。

工学系の校舎を設計したのは、工部大学校の第一回の卒業生であり、英国留学後、工科大学の教授となっていた辰野金吾であった。彼は工部大学校において、英国人教師ジョサイア・コンドルの教育を受け、師の故国英国で、師の師たる大建築家ウィリアム・バージェスのもとで学んだという経歴をもつ。

だから、工学系の校舎の設計には、文部省技師にしてフランス仕込みの山口半六も手が出せず、辰野金吾がその任に当ることになる。辰野金吾は後に、東京駅や日銀本店などを手がけることになるが、このときは自らが教育を施す場でもある校舎を、全身全霊を打ち込んで、自らの学んだ最上の様式をもって設計した。

当然のことながら、その様式はゴシックである。

辰野金吾は工学系の校舎を、ゴシックによって、しかし、師のコンドルのゴシック様式よりは折衷の度合を強めたゴシックによって、建てた。

辰野の設計した校舎は、ゴシック様式にそれ以前のロマネスクを加味したようなスタイルで建ち上った。ここには、とんがりアーチである尖頭アーチは、最小限にしか用いられていない。結果的には、それは建設しやすく、明るさも得やすい改良型のゴシック様式となっていたように、私の目には見えるのである。

工学系の校舎が建つことによって、東京大学の本郷キャンパスには、ほぼすべての学問分野と、ほぼすべての、当時の建築様式が出そろう。

すなわち、学問的に見れば医・法・文・理・工であり、様式的に見れば、医の擬洋風、法・文のヴィクトリア朝ゴシック、理の古典主義、工の改良型ゴシックである。

ところが、天網恢々《てんもうかいかい》、疎にして漏らさずというのか、禍福はあざなえる縄の如しというのか、大正十二年に関東大震災がおきる。

このとき、ほとんどすべての校舎は焼け落ちた。具体的には、法・文系、理系、工系の校舎は、あるいは壁が落ち、あるいは焼失し、その使命を終えた。木造擬洋風の医学部本館だけが残るのだが、これはまったく運命のいたずらとしか言いようがない。

だが、ここで運命の女神は、ニヤリと微笑む。

このとき、安田講堂を作りかけていたのが、後に東大総長をつとめることになる内田祥三だ。彼は工学部建築学科の教授であり、同時に東大キャンパスの施設を建築する任に当っていた。

関東大震災によって、先人たちの営々たる努力は灰燼《かいじん》に帰した。このとき、彼が負った課題は、一刻も早いキャンパスの復興である。彼の脳裏にそのとき閃いたものは何であっ

昭和11年の東京帝国大学全体配置図。校舎の建築様式は改良ゴシックで占められている
（東京大学総合研究資料館『東京大学本郷キャンパスの百年』より）

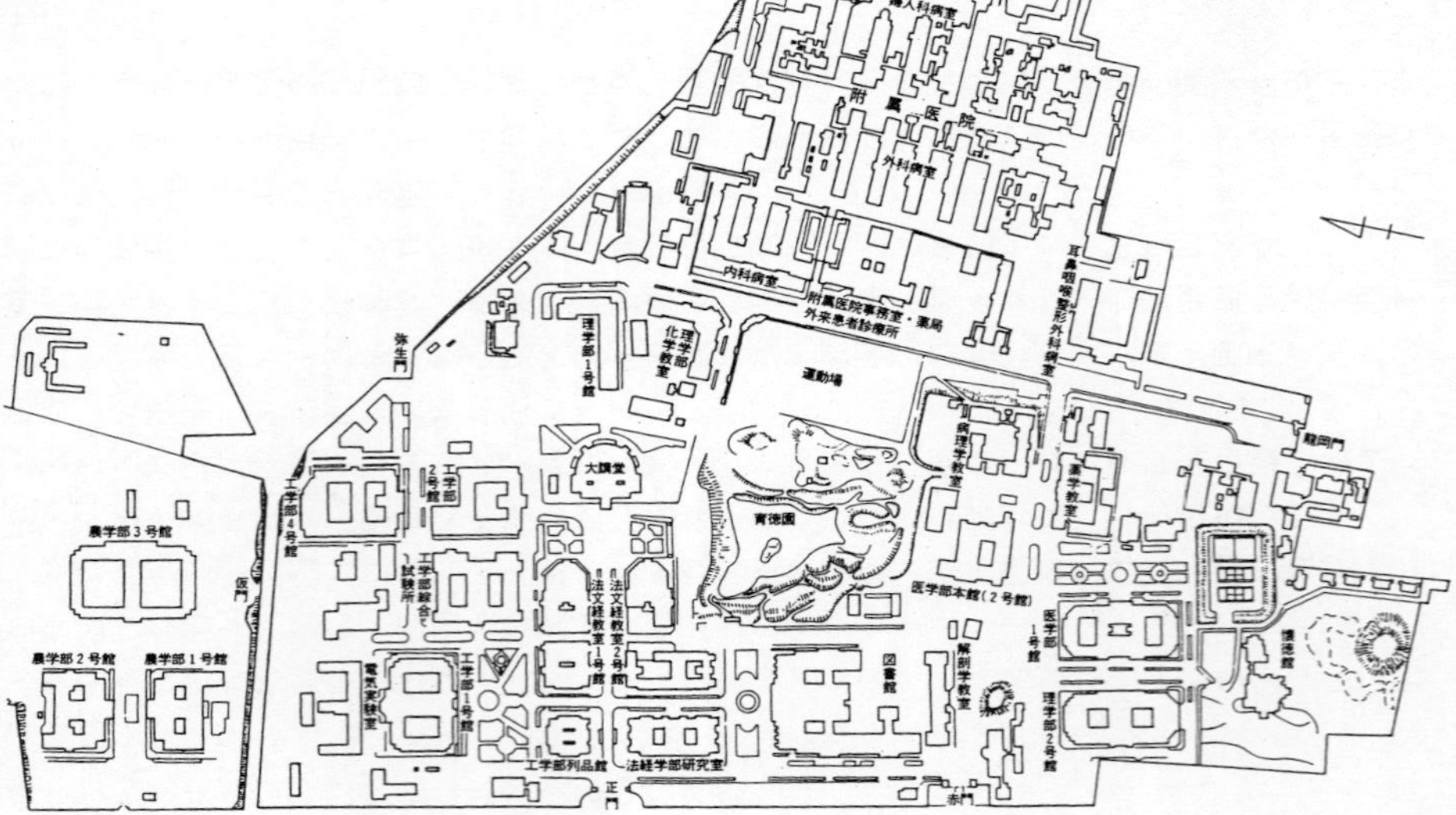

たか。

本郷には、第一陣から第四陣まで、建築様式の見本帖といってもよい程の校舎が並んでいた。つまり、それぞれ出自も経歴も異にする医・法・文・理・工の学問分野が本郷のなかに割拠していたのである。

内田祥三はこれを、片っぱしからひとつの様式に統一していってしまった。そのときに用いた様式こそ、内田自身にとっての出自でもある工科系の様式、改良型のゴシックだったのである。この震災復興の計画のなかで、一高と校地を交換するかたちで駒場から農学部もやってきて、改良型ゴシック校舎の傘下に入る。

安田講堂の改良型ゴシックこそ、工科系のスタイルによる本郷キャンパス大制覇の出発点であり、同時にその頂点ともなっているのだ。

12 世田谷区深沢

東京西郊の新開地・うたかたの地霊

——近衛文麿の末期の眼に映った巨大和風庭園の終焉

名匠・植治とパトロン・長尾欽弥

小川治兵衛という人物がいた。昭和八年十二月二日に、七十四歳で歿した庭師である。彼は明治・大正・昭和の三代にわたって、それこそかぞえ切れぬほどの大規模な庭をつくりつづけた。その足跡をたどることを私は自分の楽しみにしていて、将来彼の全貌をまとめ上げたいと考えている。

彼は植木屋の治兵衛ということで、植治とよばれていたが、植治などという田舎おやじくさい通称からは思いおよばぬくらい、その活動範囲は日本の近代史を彩った上層部の人々に深く入り込んでいた。

彼の庭師としての出発点は、あの山県有朋の営んだ京都の無隣庵だった。それ以後、彼は京都南禅寺の近くを中心に、住友家、西園寺家、三菱の岩崎家、野村証券の野村家など、有力者や財閥の当主たちの庭をつぎつぎにつくってゆく。それは、日本の近代におけるもっとも見ごたえある和風庭園群となった。

けれども、小川治兵衛の庭園が、和風文化のメッカであり千年の都であった京都のみに集中していたとすれば、ここで彼について語ることはない。

ところが京都の庭師小川治兵衛は、東京にもいくつかの大庭園を遺しているのである。彼が関東に進出してくるのは、その名声が定まってからのことで、昭和初年である。

現在までその姿をとどめている東京での彼の作庭には、北区西ヶ原の古河邸の日本庭園、そしてもともとは岩崎小弥太邸としてつくられ、現在は国際文化会館となっている鳥居坂の土地の庭園がある。それらを訪れるならば、昭和のはじめにも、和風の見事な庭園はつくられつづけていたのだと改めて気づくにちがいない。

しかし、小川治兵衛が東京につくった大庭園は、じつはこれだけではなかった。おそらくは東京における彼の代表作であったにちがいない庭園がかつては存在していたのである。それは世田谷区の桜新町にあった長尾欽弥《きんや》邸の庭園である。長尾欽弥は、小川治兵衛の晩年に多くの作庭を依頼した、大パトロンであった。

もともと、庭園というのはいちばんお金のかかる趣味である。築山をきずき、池をうがち、石を据え、松を植え、四季おりおりの風情を楽しもうとすれば、お金がいくらあっても足りない。小川治兵衛の得意とする大名庭園のような堂々たる和風庭園は、そんじょそこらの金持では、とても手の出せる代物ではないのだ。

何年か前、大学で建築学科の学生にレポート提出を求め、最近の和風の邸宅を探して調査してみなさいと言ったことがある。学生諸君は興味深い例を集めてくれたが、その多くは近郊農家の御殿だった。確かに千鳥破風《はふ》のついた豪勢な大建築があったが、その庭はせいぜい錦ゴイが泳ぐ池がある程度の、つまりは庭の大きさが一望できてしまう位のものだった。本当の庭というのは、境界がどこにあるか解らないようなものをいうのだ。

ところが長尾欽弥という人は、なみはずれた大庭園を、やつぎ早に三つも植治につくらせている。

まず昭和六年頃に東京に、ついで昭和六年から九年にかけて鎌倉に、そして昭和七年から九年にかけて近江の坂本に、である。

東京が本邸で、好田荘とよばれた。鎌倉と近江の坂本のものはそれぞれ別邸で、扇湖山荘、隣松園とよばれた。

「新開地」と呼ばれた現在の深沢

長尾がどうしてこのような邸宅群をかまえられたかというと、製薬業で大当りをとったからだった。「わかもと」という栄養剤の製造が当って、彼は巨万の富を築くことになったのである。

戦前の雑誌を見たことのある人なら、多くの雑誌に「わかもと」の広告が出ているのに気づくだろうし、若い頃にそんな広告を見た覚えのある人も多いにちがいない。

彼は「わかもと」の利益を美術品の収集や、普請道楽、庭つくりに注ぎ込んだ。その結果が、東京、鎌倉、近江にまたがる大邸宅群となったのである。庭はすべて植治の手になるものだ。

考えてみると、美術骨董に熱中し、邸宅に贅《ぜい》をこらすという趣味は、明治・大正を通じて大富豪たちが必ず行きつくぜいたくだった。長尾欽弥は、戦前の富豪の系譜を引く、最後の人物だったと思われてくるのである。

さて、この彼が本邸を構えたのは、東京の西郊、いまの住居表示でいえば世田谷区深沢七丁目だった。

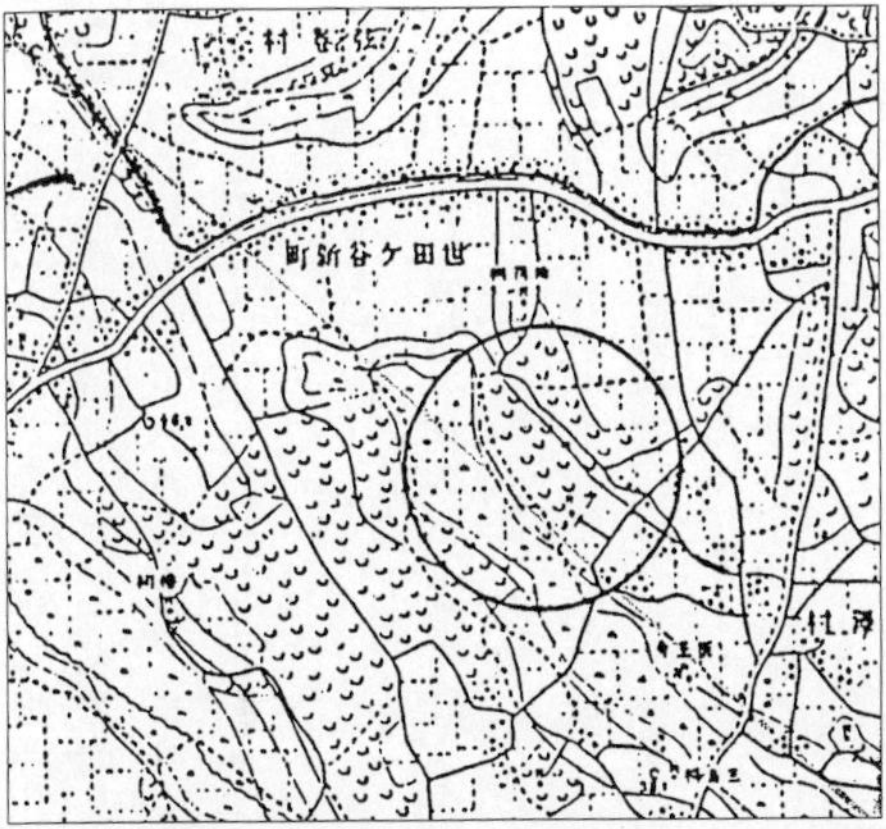

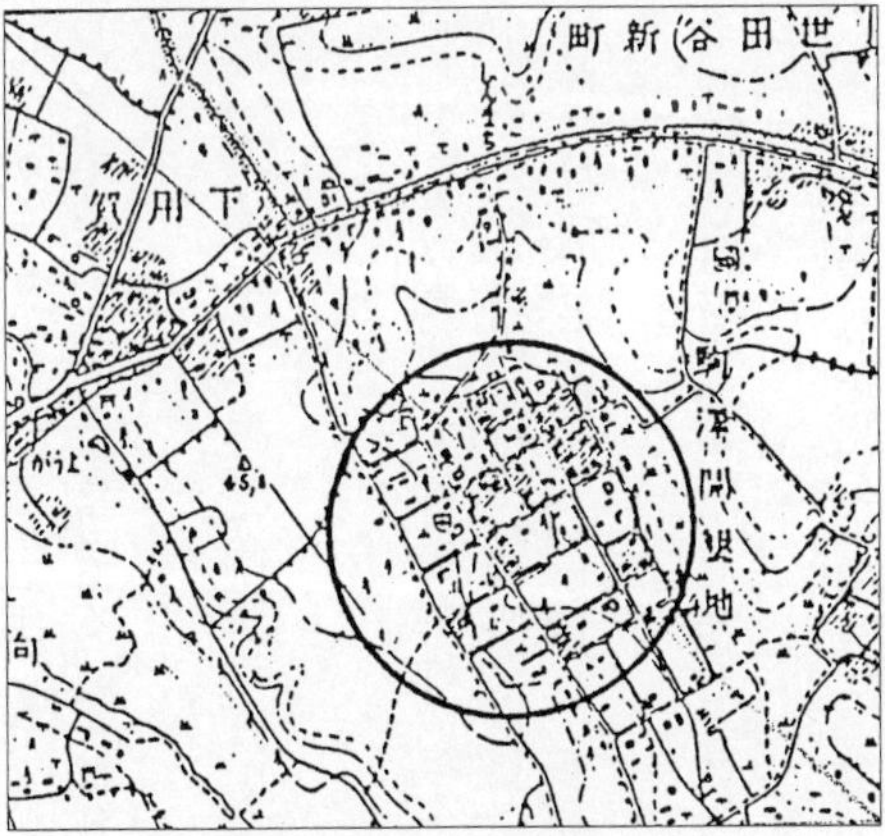

（上）明治 14 年、開発前の桜新町（丸印部分）
（下）大正 5 年、開発直後の桜新町（同）

ここは昔は東京府荏原《えばら》郡駒沢村と玉川村にまたがるところで、大正二年に東京信託という会社が「新町分譲地」という名で売り出した住宅地だったところである。「新町分譲地」は、のちに桜新町という名で親しまれるようになる。

東京信託は大正十五年に日本不動産と名称を変更していまに至るのだが、その経歴書にはこうある。

「大正元年我国最初の田園都市計画を企画し東京府荏原郡駒沢村及玉川村に跨る《またがる》（玉川電鉄桜新町停留場南側一帯）面積七万壱千余坪の土地を買収し新町分譲地の名称で近代的設備を施した理想的な宅地に造成して一区画壱百坪乃至《ないし》五百坪に区分して大正二年五月第一回五十区画坪数三万五千余坪を売出しました

この売出は好評を得て予定より四十一口の超過の買付け申込があって発売より旬日にして同月十五日に応募を締切る盛況を見ました

続いて大正二年下期に第二回分譲を発表しましたが第一回売出しに増したる盛況を呈し分譲地は第一回開始以来累計百四十七口此坪数四万九千余坪でありました

残地二万一千余坪は地勢の関係上第三回分譲予定地として保留しました」

東京信託はこの分譲地に桜の木を植えて並木道とした。桜新町という名はここにおきる。

けれどもはじめのうちは、この住宅地は「新開地」とよばれ、「会社内」とよばれたという。「会社内」とは東京信託会社内という意味で、手紙を出すのも住所をこまかく書く必要がなく、「会社内」誰々でとどいたという。

郊外の分譲地が成功するためには、交通の便がよくなければならない。新町分譲地の場合は、玉川電鉄がそれだった。東京信託は玉川電鉄開通のために二十万円を融資し、分譲地売出しの前に、つまり明治四十年にその全線を開通させている。

さらには分譲地ができてからも、東京信託は新住民のために玉川電鉄の割引きを導入したりしていたれり尽せりの優遇策をとる。「十年間新町に住んでいる者に対して電車賃割引き制度」というのがあったそうで、

「渋谷まで八銭の運賃のところを五銭ぐらいで乗れたんだ」

とか、

「新町に住んでいる者は半額になってね、渋谷には七銭で行けた」

と回想する人がいる。

宮本百合子が描いた桜新町の風景

こうした住宅地であってみれば、そこに住む人々のイメージも、どことなくハイカラで、進取の気象に富んだ新興階層ということにならないだろうか。

こうだ。この町の歴史をまとめた好著、『私たちの町　桜新町の歩み』（菅沼元治編著）によれば、

「居住者は軍人が多く、なかでも海軍軍人が多かった。軍人、それも〝花の海軍〟である。当時の海軍といえば、エリートのなかでも、より優れた人がなるものとされていた」

軍人たちの多くは、世襲の財産家というわけではない。大正初年にあって、彼らは近代的専門職のエリートという趣きをもっていたことだろう。そうした人々が好んで集まるような住宅地、それが桜新町だった。町も新しく、人々も新しい町である。

旧来のお金持層がすぐにここに越してくるというのは、あまり例がなかった。そういう層の人々は、この住宅地を投資用の資産、あるいは家作を設ける土地のひとつと考えた。三井系の財界人から和風趣味の世界に投じ、戦前の茶道、普請、作庭などに重きをなし、護国寺を東都における茶道のメッカとするに当って企画の推進力ともなった箒庵高橋義雄も、この分譲地の区画を購入している。しかし彼の場合はここには住まず、むしろ逆にその購入土地にあった松の木などを、赤坂一ツ木に建設中だった本邸の庭の風情を増すために移植したりしている。

いまでこそ、桜新町は東京西郊のお屋敷町のひとつになっているが、はじめのうちは、あくまでも新しい人々の新しい町だったのである。

関東大震災を経て、東京が膨張し、サラリーマン層がふえてくると、彼らはこうした新しい住宅地に自分たちの住いを定めるようになる。先に引いた『私たちの町　桜新町の歩み』は、昭和のはじめの頃のことを、

「桜新町の居住者は、農民、軍人、官吏、商人たちのほかに、中堅クラスのサラリーマンが増えてきたのが特徴であった」

と語っている。

おなじ頃のこの町のすがたを写した文章として、宮本百合子の小説『二つの庭』の一節をあげることができるだろう。宮本百合子の自伝的色彩が濃いといわれるこの小説は、若い伸子という主人公が、女友だちとこの桜新町のちかくに自立した生活を営みながら、将来の方向を見さだめてゆこうとしている姿を描いている。

宮本百合子は戦後の日本共産党を築きあげた宮本顕治の夫人として知られるけれど、この小説のなかでの伸子（すなわち百合子）は、しっかりとした仕事によって知られ、社会的地位も確保している建築家の娘として現われ、実家のブルジョワ・リベラリズムの雰囲

気と、自らが踏み込もうとしている左翼的知識人の世界との間を揺れうごく存在として描かれる。

そこには、戦前の日本に数多くの品格ある建物を設計した建築家中条精一郎の娘として育った彼女じしんの生いたちが、かなり直接的に投影されていると考えてよいであろう。考えてみれば、戦前の教養ある建築家（宮本百合子の父、中条精一郎はその代表的な存在だった）というのは、近代的専門職のエリートという意味においては、もっとも良い時代における海軍軍人のエリートと同じ性格をもった存在であったといい得るかもしれない。海軍軍人などがおおく好んだという桜新町の住宅地に、建築家の娘として育った知的な女性が、自分の自立のための生活の場所を求めたことのうちには、だからひとつの因果関係が認められはすまいか。

もっとも、彼女は住いを借家に求めたはずだから、その家作の主は、あるいは旧市内に住む高橋箒庵のようないささか旧派のブルジョワであったかもしれない。

ともあれ、宮本百合子は若い女主人公のくらす街をつぎのように描写している。

「家の門を出て、右手にゆるい坂をのぼりきると、桜並木の通りへ出た。玉川電車の停留場を降りたところから、真直にもう一本桜並木があって、伸子たちの家へ来るには、そっちを通った。その道は、とっつきから、小さい魚屋、荒物屋、八百屋、大工の棟梁《とうりよう》の格子戸の家などが、いかにも分譲地がひらけるにつれてそこへ出来たという風に並んでいる。その間を通って来ると、段々生垣《いけがき》や、大谷石をすかしておいた垣の奥の洋館などが見えて来る。同じ桜の並木通りといっても、その通りは分譲地でのサラリーマン階級の雰囲気で、ちょいちょいした日用品の買いものに、住宅地の人が日に何べんもとおる通りであった。

坂の上の方をとおっている桜並木は、左右に植えつけられている桜が古木で梢をひろげ、枝を重くさし交しているばかりでなく、並木通りからまた深い門内の植えこみをへだてて建てられている住宅が、洋風にしろ、和風にしろ、こったものばかりであった。外壁に面白い鉄唐草の窓をつけたスペイン風の建物などがあり、桜並木には人気《ひとけ》がなかった。雨の降る日にそこをとおると、桜の梢からしたたるこまかい雨の音がやわらかく並木通りのはしからはしまでみちていて、人っこ一人とおらない青葉のトンネルのような道のどこからか、ピアノがきこえたりした」

新しい町が落ちつきと余裕のある町へと、すこしずつ変貌しながら、しずかに根づいてゆきつつあるようすが、彼女の文章のなかから感じられることだろう。

そしてこの住宅地の秘めている問題は、昭和初年にここに構えられた、長尾欽弥の大邸宅へとつながっていく。

私的な巨大和風庭園の終焉

桜新町は、しっかりとつくられてはいても、まだ若い、新しい町である。そこに、和風の大庭園をもつ宏大な邸宅は何故構えられ、そしてどのような運命をたどってゆくのだろうか。

桜新町には何人かの財界人や富豪たちも居を構えたことが知られている。けれども、その中で長尾欽弥の邸宅が、その規模においては群を抜いていた。すなわち関東配電(現在の東京電力)の社長若尾璋八、横浜の実業家門野錬八郎らが実業家の住人たちであったが、彼らの大邸宅をもさらに上回る大邸宅が長尾邸だった。長尾邸の庭園をつくり上げたのは、冒頭にも述べた京都の小川治兵衛、そして実際に工事を担当したのは、その甥にあたる岩城亘太郎だった。彼は後に岩城造園をつくり、現在にいたるまでその活動をつづけているのだが、その岩城もまた自らの住いをやはりこの桜新町に求めた。同じように長尾家の茶道の面を担当した鈴木宗保もこの町に住んだ。そのほかにも、長尾の美術骨董趣味に縁のある学者、職人たちが何人も長尾邸の近辺に住宅を構えたという。

こうした集団に囲まれた長尾邸は、大きな池をもち、外からは容易にその全容をうかがうことのできないものだった。

だが、この大邸宅はひっそりと郊外に営まれてはいても、製薬業で財をなした人物が忙中閑をもとめる静かないこいの別天地であるよりも、何やら大がかりな社交、話合い、饗応の場として活用されたのであり、長尾欽弥の政商的な一面にとって不可欠の舞台となったのだった。

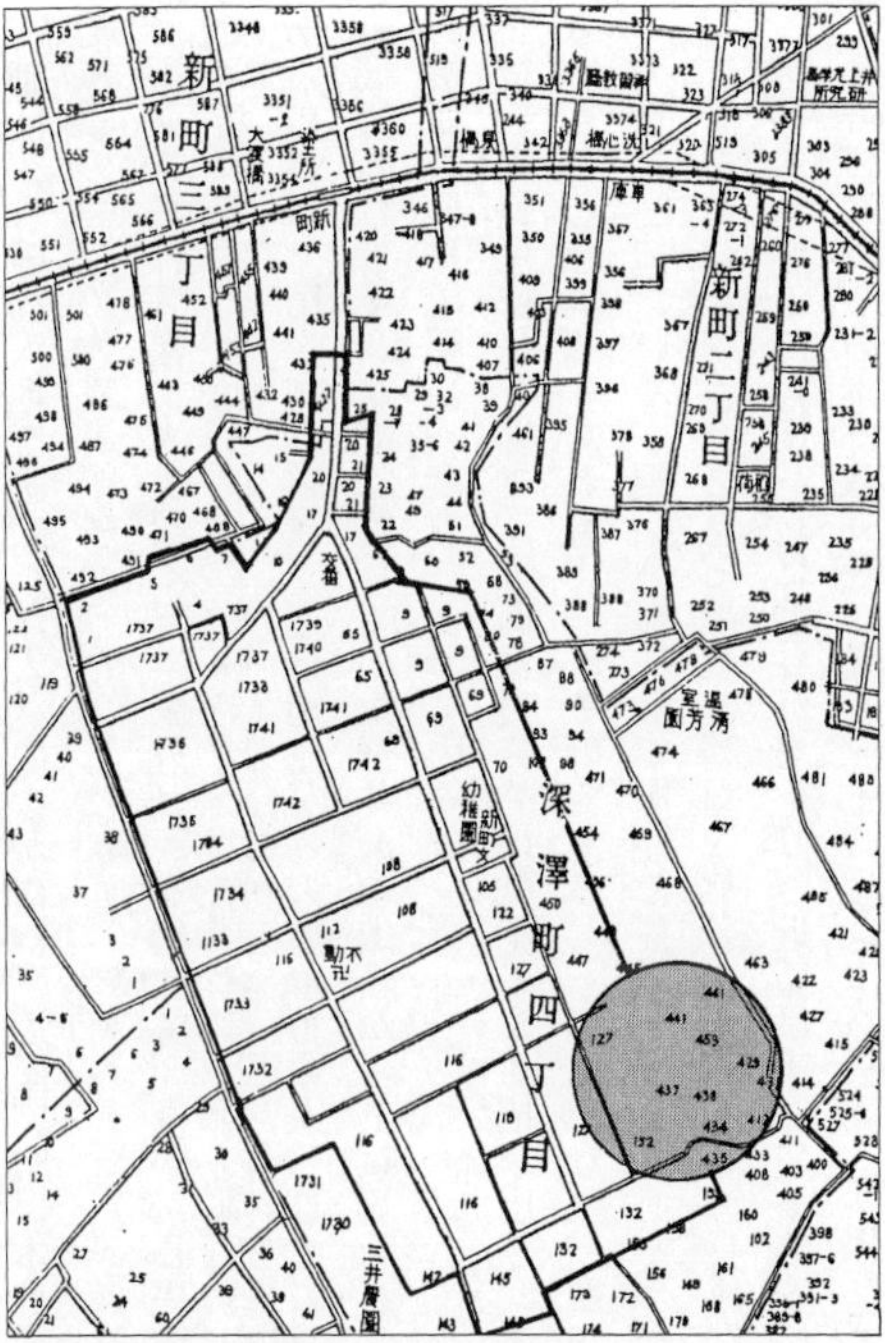

昭和 8 年当時の桜新町（太線部分）。**丸アミ部分が長尾邸の位置**（内山模型製図社『世田谷区全図』より）

戦前、この別天地を来訪した人々のなかには、近衛文麿、木戸幸一、永野修身《おさみ》など、政治軍事の面での大立者が多かった。

近衛文麿は荻窪に大きな本邸「荻外荘」を構えていたが、長尾邸にもしばしば足を運んでいた。特に終戦近くなってから、長尾欽弥の名は近衛の側近的な財界人として、諸処にあらわれる。第二次大戦後、連合国側からの戦争犯罪人としての逮捕指令の覚悟をきめた近衛文麿は、それまで隠棲していた軽井沢の山荘から上京したが、自邸には直行せず、この桜新町の長尾邸に一度立ちよっている。

桜新町長尾邸において、近衛は最終的に戦犯として招《よ》び出されるよりは服毒自殺を遂げるべきことを決意したと考えられるのである。一説によれば、彼が毒薬を手に入れたのはこの長尾邸において、製薬会社社長であった長尾夫妻からであったともいう。

近衛文麿が末期《まつご》の目に見た最後の庭園こそ、ここ桜新町の長尾邸庭園だったのである。昭和二十年十二月十一日に軽井沢を下りた近衛は十四日までを長尾邸にすごし、ようやく十五日に自らの本邸荻外荘に帰り、その晩(十六日早朝)自殺を遂げるのである。

矢部貞治『近衛文麿』は、その直後の姿をつぎのように記す。

「枕頭には『わかもと』など二、三の常用薬と一緒に、小さな茶色の壜《びん》が空になって置かれていた。極めて静かに、苦悶のあともなく、恰《あたか》も眠れる如くであった」

「わかもと」と一緒に死んだ近衛は、戦前の体制の死を宣するために自らの命を絶ったのであった。彼とともに軍閥も華族制度も、なにやらうやむやのうちに消え去っていった。

そしてそれは、小川治兵衛の活躍する宏大な和風庭園の世界の死をも同時に意味するものだった。長尾欽弥の大庭園以降、真に私的な巨大和風庭園を営むような人は現われないのである。

深沢高校にわずかに残る面影

桜新町の長尾邸、あるいは彼が鎌倉や近江坂本に営んだ別邸は、戦前の和風文化の最後を飾る存在として、当時はかなり有名だった。

戦前、アメリカの庭園クラブという団体が日本を訪れたことがある。そのとき日本側は藤山雷太を中心に、三井、岩崎をはじめ、大庭園を構えるブルジョワたちがこぞって歓待につとめ、日本各地を案内してまわった。案内といっても、各地に大庭園をもつ富豪たちが、自分の庭園にアメリカの一行を招いて大園遊会をくりかえしたのである。

そのときに作られた豪華アルバムを開くと、近江坂本の隣松園に一行を招いた長尾欽弥夫妻の姿を見出すことができる。

戦後になっても、昭和二十八年に刊行された岩波写真文庫の『日本の庭園』に桜新町の

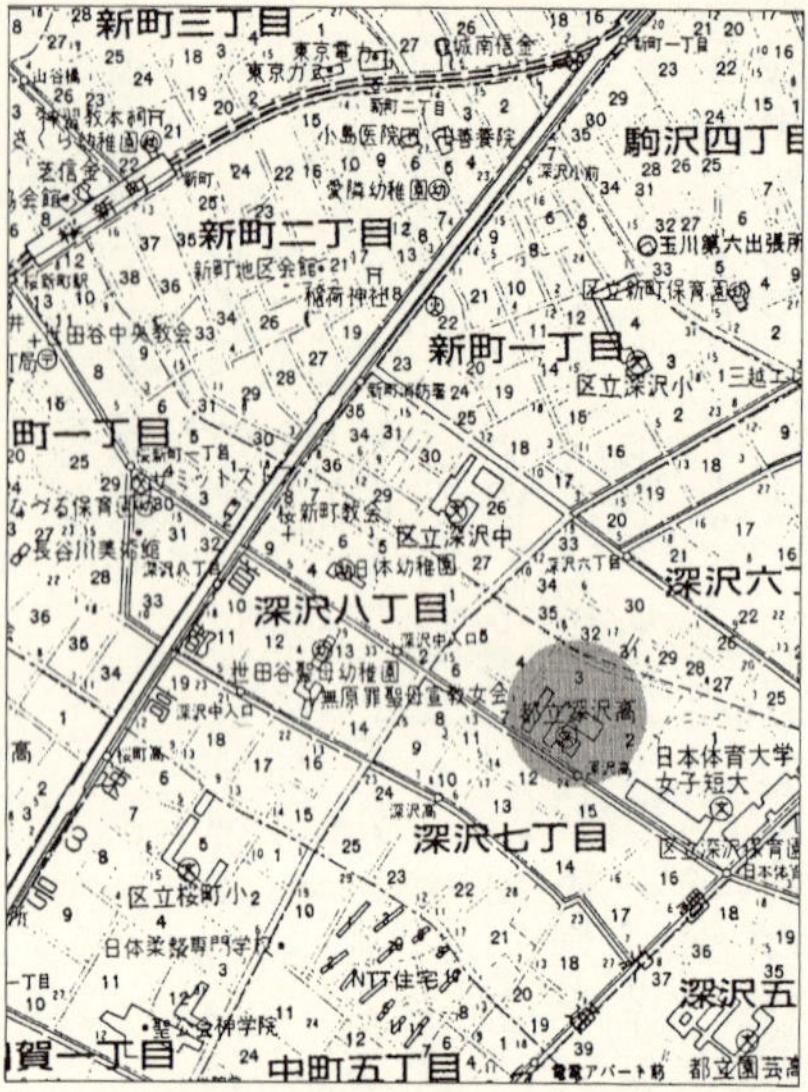

現在の桜新町。丸アミ部分が都立深沢高校
（昭文社『東京都区分地図』より）

長尾邸は数葉の写真が収められている。

だが、長尾欽弥の和風趣味は、あまりに促成栽培の感が強かった。

「わかもと」が発売されはじめたのは昭和四年四月からだという。

桜新町邸は早くも翌年着手されるのであり、そのあとわずか五年くらいのあいだに、つぎつぎに三カ所の大庭園がその姿を現わすのである。しかしながら戦前、一流の財界人たちに伍してアメリカの庭園クラブのメンバーをもてなした長尾欽弥も、戦前財をなしたのと同じくらいのスピードで、戦後は凋落していった。

終戦とともに彼は会社での実権をうしない、小川治兵衛につくらせた大庭園も、つぎつぎに手放してゆく。

桜新町の本邸が長尾家の手を放れたのは、そのなかでは遅く、昭和三十年のことだった。現在、かつての邸地は、都立深沢高校となっている。

戦前にあっては日本を代表する和風庭園のひとつと紹介された林泉がそこに営まれていたことなど、いまの近代的な校舎とグラウンドからはとても想像できない。この地所は完全にその姿を消した。

ただ、校地の一部に、長尾邸時代の建物のほんの一棟だけが残されていて、茶道部などの練習場につかわれている。長尾邸を設計したのは、明治神宮宝物館や日光の大修理で知られる建築家大江新太郎である。わずかに深沢高校の一部に残されたこの建物にも、大江新太郎らしい創意にみちた和風意匠が試みられていて、いま見るとかえって感慨をさそう。

桜新町の本邸のみがなぜ消えたか

鎌倉にあった別邸扇湖山荘は、戦後は収集美術品をまもるために長尾美術館としてつかわれたという。しかし、この美術館もすでに解散し、仁清の作である色絵藤花文壺をはじめとするコレクションも散逸してしまった。

けれども扇湖山荘じたいは、他人の手に移ってからも、ひっそりと残されていて、いまだに別天地のような大庭園をその宏大な敷地のなかに秘蔵している。

同じように、近江坂本の別邸隣松園も、琵琶湖に接した景勝の地を占めたまま、ひそやかに他の人の手によって保たれつづけている。

それだけに、桜新町の本邸の消失は、ひときわ残念である。大庭園は美術品と同じように、それを保つことのできる者が現われれば、そっくり身売りされてゆくのがふつうである。そして新しい主のもとで、四季の彩りを見せるものなのである。

だが、桜新町の大庭園はそうならなかった。見事にその姿を消してしまったのである。いま、ここを歩いても庭園のおもかげはどこにもない。

長尾欽弥が、一代にして財をなし、一代にして財を散じてしまったうたかたの富豪であったからだと説明することは容易だ。けれども彼の営んだ鎌倉や近江坂本の庭園はいまもなお遺されているのに、ただひとつ、桜新町の本邸のみが忽然とそのすがたを消しているのだ。

そこに働いているのは、やはり土地のもつ力であろう。鎌倉の別邸であった扇湖山荘は鎌倉山とよばれる別荘地的住宅地の奥まったあたりに建つ。近江坂本の別邸隣松園は、唐崎の松で名高い琵琶湖のほとりに建つ。隣松園という名じたい、唐崎の松にとなりあうというところから付けられている。

ついでに言えば、鎌倉の扇湖山荘は鎌倉の山あいから、湘南の海が扇形に湖のように望まれるというところからきた。

あと知恵というべきであろうか。戦後、長尾の営んだ隣松園、扇湖山荘、そして桜新町邸（これは好田荘といわれた）について、こんな言葉がささやかれたという。

「臨終（隣松）だから香典（好田）に線香（扇湖）もって行こ」

いずれにせよ、残った別邸は古来の名所、歌枕にちなむ何物かを秘めてつくられた庭をもつ。それに対して桜新町の本邸好田荘は、あまりに無から有をつくりすぎたのではなかったか。

やはり、桜新町という郊外住宅地には、郊外電車の恩恵を身にしみて感じる新しい生活を営む人々がふさわしかった。

深沢高校に還ったこの土地は、桜新町にふさわしい姿にもどれたことを、あるいは喜んでいるのかもしれない。

⑬　渋谷区広尾

昭和・平成二代にわたる皇后の「館」

——前皇后が住まい、現皇后が学んだ土地の縁

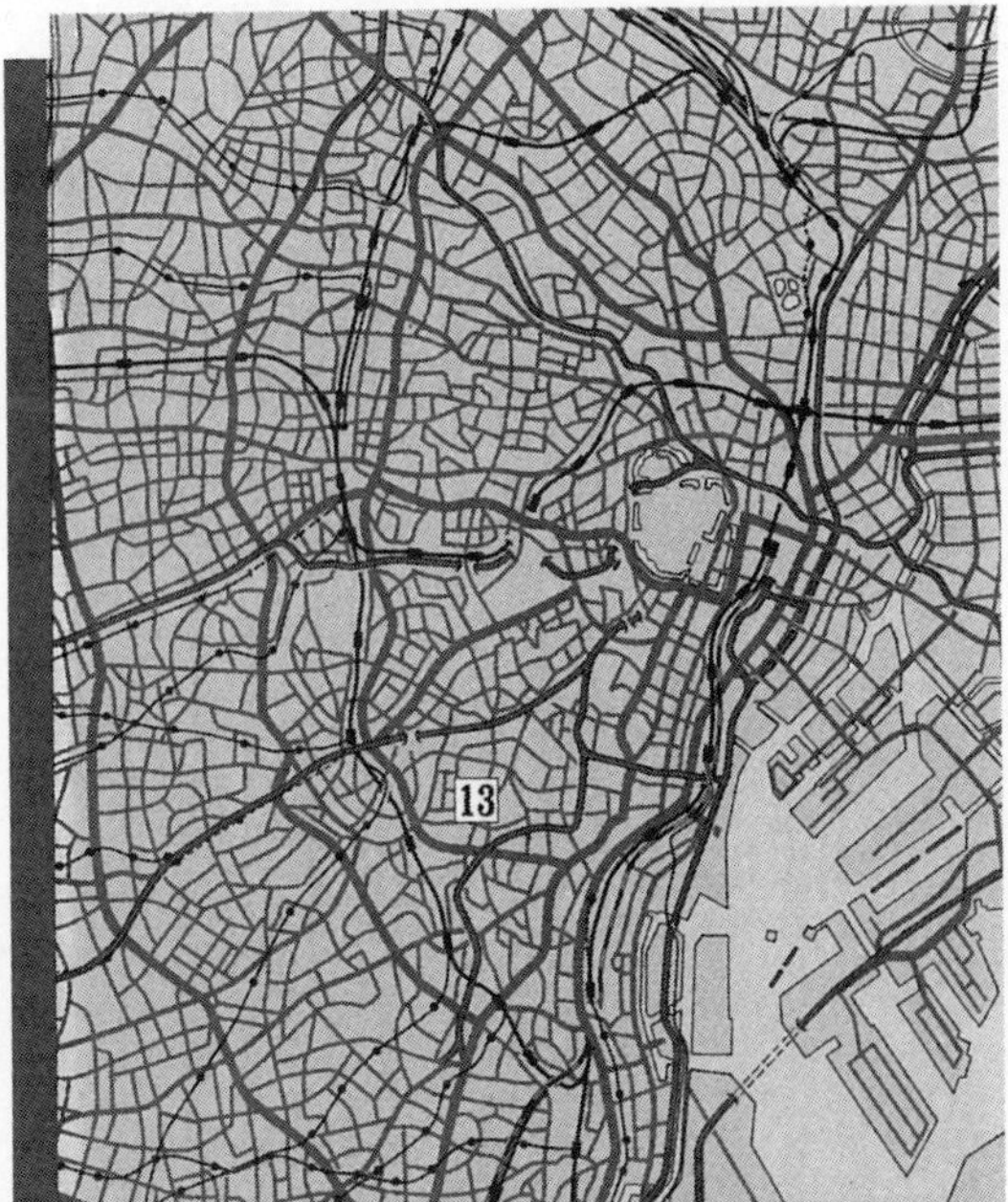

良きことのおきる土地とは

第一次世界大戦を描いた小説をよんでいたとき、おもしろい記述に出あった。砲弾のふりそそぐ戦場に散開する野戦兵士たちは、砲弾が落下してえぐられた大地のくぼみに身を寄せるというのである。

平原で戦う歩兵たちは、身を置くための拠りどころが欲しいだろうし、そうならば砲弾の作ったくぼみは格好の穴場ということになるのだろう。しかもこれは確率論から見ても納得できる行動だと信じられていたらしい。

つまり、大砲の弾がまったく同じ場所に落ちる確率は極めて小さいから、一度弾が落ちた場所に身をひそめていれば、つぎに同じところで砲弾の直撃をくらう心配はないというのだ。

これが正しい理論なのかどうかは知らないし、この理論を実験的にたしかめてみたいとも思わないけれど、欧州戦線の兵士たちの行動パターンのひとつになっていたらしい。一回弾の落ちた場所にもう一度同じ弾が落ちてくることはまずない。これは、けれども何となくその気にさせてくれる話だ。

こうした信仰は、しかしながら戦場ならぬ都市のなかでの、砲弾ならぬ別種のできごとの場合にはどうも全然あてはまらない。

都市内の土地というものは、残念ながら平等ではなく、強い土地、弱い土地という差が歴然としてあるようなのだ。良いことのおきる土地は二度も三度もおきる。悪いことのおきる土地も、その不幸は長くつづく。こんな信仰の方がリアリティが感じられるのである。

妙なたとえ話から話がはじまってしまったけれど、脚光をあびる土地の物語がここでの主題である。

それは皇后の土地の物語だ。

無論、そうは言っても品の悪い話ではないから、ご安心いただきたい。けれどもこうしたあたり、昔はいとも畏《おそ》れ多いといったあたりには、まったく縁がないので、調べものからはじまる。

明治天皇妃、すなわち後に昭憲皇太后という名で歴史に残る人の伝記を開いてみると、その冒頭のあたりにこう書いてある。

「御父君は、故従一位一条左大臣藤原忠香《ただか》公で、御母君は松寿院宮藤原順子《よりこ》と申し、故一品式部卿伏見宮邦家親王の御息女であつて、陛下の御歳四歳の時、御帰嫁ありし御方である。……」

本当はこれが旧字を用いて、総ルビで書かれているのだが、それではあまりに古色蒼然とするので、ここでは改めた。改めてはみたけれど、それでもよく解らないが、その内容はといえば、皇后の父は一条家の人であり、母方の実家は伏見宮家だということである。昭憲皇太后は一条家の娘として京都に生まれ、明治元年に皇后となり、明治二年に東京に移っている。薨《こう》じたのは大正三年四月である。昭憲皇太后は明治天皇と同じく、京都で生まれ、空間的には京都から江戸へ、そしてまた時間的には江戸から明治へと、時代の変化を生きたのだった。

明治天皇の治世を継いだ大正天皇の皇妃は、貞明皇后と呼ばれているが、この人は九条家から出て皇后となった。九条節子《さだこ》姫といったのである。

昭憲皇太后の方は名前もまたむずかしいので、またその伝記を引くと「……初め御名を富貴《ふき》姫君と申し上げたが御十歳の夏、寿栄《すえ》姫君勝子と改められ、御入内後、今の御名美子《はるこ》と称へさせ給ふことになつた」とある。

さて、昭憲皇太后の幼少期とはちがって、貞明皇后が生まれたときには、九条家の人々はすでに東京に移っていた。

その屋敷は神田の錦町一丁目にあったという。だが、やがて九条家は赤坂の福吉町にその本邸を移す。したがって貞明皇后は神田に生まれて、赤坂から皇后となったわけである。

ところで一条家、九条家というが、これらは公家のなかでも五摂家といわれる由緒をもつ家である。五摂家というのは摂政・関白を出す家柄で、近衛、鷹司、一条、二条、九条の五家である。平安朝以来の伝統をもつ公家の中枢的存在であった。

明治・大正の天皇妃はともにながい京都の公家文化の伝統をもっていたが、明治天皇妃は京都で生まれたのに対して、大正天皇妃はすでに生まれたときから東京にいた。

こうした時代の変化のなかで、さらにつぎの時代を担った昭和天皇妃の場合を考えてみよう。

昭和天皇妃は久邇宮《くにのみや》良子《ながこ》姫として、東京の麻布鳥居坂に生まれている。つまり昭和天皇妃は五摂家や公家の出ではなく、宮家の出なのである。宮家のひとつ久邇宮家の出だということは、皇族の一員ということである。

明治・大正時代には多くの宮家があった。けれどもその多くは、明治時代に創設されたものである。そうした宮家から昭和天皇妃が出たということのうちに、明治・大正からのさらなる時代のうつりかわりを見てもよいであろう。

三〇〇〇坪を標準にした皇族賜邸地

幕末以来つづいた宮家というのは、じつはそれほど多くない。

一般に四親王家といわれる宮家がそれである。

有栖川宮家《ありすがわのみや》
桂宮家
閑院宮家
伏見宮家

これがその四親王家といわれるものであった。だが、桂宮家は明治十四年に、有栖川宮家は大正十二年に、それぞれ絶えてしまう。

そうした事態を想定したわけでもないであろうが、明治に入ってからは、つぎつぎに新しい宮家が創設されてゆく。年ごとにそれを追ってみると、つぎのようになる。

明治元年　華頂宮家《かちようのみや》
　　　　　山階宮家《やましなのみや》
明治三年　北白川宮家
　　　　　東伏見宮家
　　　　　梨本宮家
明治九年　久邇宮家
明治二十五年　賀陽宮家《かやのみや》
明治三十九年　朝香宮家

竹田宮家
東久邇宮家
明治四十三年　李王家《りおう》（二家）〔王族〕

こうしてその数を増してゆく皇族たちは、天皇のお膝元である東京にその邸宅を構えることになる。そのため、皇族賜邸といって、ひとつの宮家に三〇〇〇坪を標準とした邸地を与えることとなった。そうして麻布市兵衛町に邸宅をもった幕末の皇女和宮（静寛院宮）については、すでに一章で述べた。

明治十年以前の各宮家の邸宅の求め方を、『東京市史稿』などから追ってみると、なかなか興味深い。

華頂宮家は浜町のもと高島藩邸を宮邸としたが、ここは下町で湿気が多いといって「高燥ノ場所」に移りたいと願い出た。その結果三田台町の三三番地、もとの英国公使館跡を入手し、三二番地も皇宮地と私有地にわけて所有することにした。もとの土地は浅野長勲《ながこと》に売却した。大正十三年、この宮家は途絶える。

伏見宮家ははじめ飯田町堀留のもと金沢県邸を与えられたが、すこし狭いので南側の隣地がほしいといって、そこに住んでいる住民たちに掛け合ったがうまくゆかず、結局そこを皇宮地ではなく、私有地ということにした。そしてこれ以外に富士見町五丁目一番地の、もと士族酒井忠篤という人物がもっていた邸地二四五二坪を皇宮地として与えられた。つまり、元金沢県邸の方は狭かったので、これを皇宮地ということにされては困るとクレームをつけて、別の土地をもらったわけだ。しかも最初の土地の方は私有地として確保している。

有栖川宮家の場合、はじめ芝浜崎町のもと和歌山県邸をもらったが、後にここは離宮になったので、替りに霞ヶ関に土地をもらっている。また、永田馬場壬生のもと山形県権令の邸宅も有栖川宮家のものとなった。

東伏見宮家は、邸宅料七千円をもらい、それによって駿河台袋町六番地に二二七〇坪の地所をもつ邸宅を構えている。

山階宮家は、神田錦町二丁目二番地にあった、宮内少丞長谷信成という人の所有していた邸宅を宮家とした。

北白川宮家は西小川町一丁目一三番地の、もと黒川友之助の屋敷をつかっていたが、場所を替えたいと願い出て、麻布鳥居坂町一番地の地所三九六五坪（持主は須田喜助）を、建物二二〇坪（持主は石川寿）ぐるみ九千四百円で買いたいといったが、これはどういうわけか不許可になった。かわりにこの宮家は麴町紀尾井町一番地の、赤坂御門内旧紀州邸のなかの土地八五五七坪あまりをもらっている。

この赤坂御門内旧紀州邸の土地というのは、いまの赤坂の迎賓館や東宮御所のある一画に近い。ここは明治のはじめから、離宮用地として一番大きな皇宮地となったものである。閑院宮家は一番町一番地の、長州の木戸正二郎がもっていた土地三〇三八坪あまりを邸地とした。

久邇宮邸の変遷

こうして明治の初年、各宮家は東京に続々と邸地を構えるにいたったのである。

この裏には、江戸時代には徳川の江戸城を中心に、紀伊・尾張・水戸の御三家の屋敷や一橋、田安、清水などの三卿の屋敷が構えられていたように、明治になってからは皇居を中心として皇室の藩屏たる皇族・華族たちがその周囲に屋敷を構えるといったイメージがあったといわれる。

だが、各宮家が邸地を求めたり、換地を要求して色々な条件を出しているのを見ると、それぞれの宮家の利害を追求する、公家的な粘り腰というか、ネチこさが感じられる。武家の拝領屋敷のもらい方とは、かなりちがう印象なのだ。

けれども、雌《し》伏《ふく》数百年、ようやく迎えた自分たちの世であってみれば、そこに執着が生ずるのも無理はないのかもしれない。

さて、こうした動きのなかで、昭和天皇妃を出す久邇宮朝彦は宮家でありながら東京には出ずに京都に住みつづけており、明治二十四年に京都で薨ずる。

このあとから、久邇宮家ははじめて本邸を東京にもつことになるのである。それまで、久邇宮家第二代の久邇宮邦彦は東京の四谷新一丁目あたりに住んでいたが、新しく宮家の当主となって、本格的に本邸を求めることになる。

こうして得られたのが、麻布鳥居坂町一二番地であった。

ここは、もと井上馨の住んでいた屋敷で、鳥居坂の通りをへだてて、東と西にわかれていたという。東の方が和風の住居で、これは杉孫七郎が建てたものを井上馨が買ったのだった。西側の方が洋館で、こちらが井上馨自らが建てたものだった。

久邇宮家では男の子たちを日本風の屋敷に住まわせ、姫宮方を洋館に住まわせたという。当主自らは日本館の方に暮らしていた。

昭和天皇妃となる久邇宮良子姫は、この鳥居坂屋敷で生まれたのである。当時このあたりは大きな邸宅が並び、「街衢《がいく》整然、四隣閑寂」と評される土地だった。

未来の昭和の皇后は、久邇宮邸洋館に暮らして成人することになるはずだったが、この洋館はそれより前に、明治三十年頃に地震で損傷をうけてしまっていた。そこでこちら側の土地は売却され、民有地となった。

民有地とはいっても大邸宅地であり、後にここには岩崎小弥太邸が建つことになる。岩崎邸は戦災で焼失、現在は国際文化会館が建っている。

国際文化会館を訪れることがあれば、どうかこの土地に重ねられた歴史にも思いを馳せていただきたいと思う。

久邇宮邸と、そこに生い立つ昭和天皇妃はどうなったか。

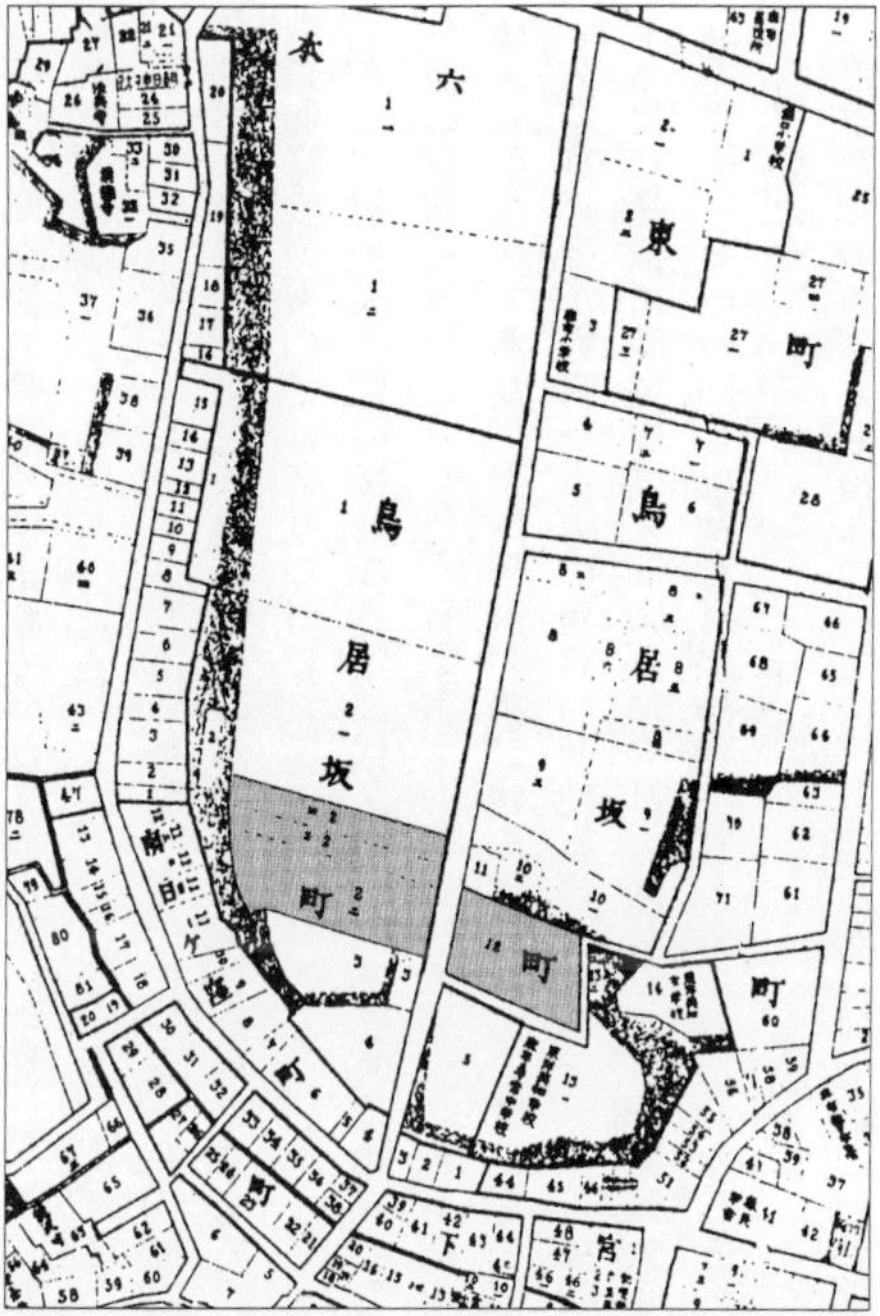

鳥居坂と東鳥居坂にまたがった明治 29 年当時の久邇宮邸（アミ点部分。区立みなと図書館『近代沿革図集』より）

鳥居坂邸東側の御殿で営まれていた久邇宮家の生活は、明治四十二年になってひとつの転機を迎える。

この年の十月三十日、久邇宮邸は麹町一番町の、もと宮内省官舎であったところに移った。洋行していた当主久邇宮邦彦の帰朝にともなう移転である。とはいえ、鳥居坂邸の方も久邇宮家のものではありつづけた。

さて、昭和天皇妃の父となる第二代久邇宮である邦彦の弟たちは、多く宮家を創設したり他の宮家を継いだりした。賀陽宮家、朝香宮家、東久邇宮家を興したのはみな第二代久邇宮の弟たちであり、梨本宮家の第二代を継いだのもまた、弟君のひとりであった。

久邇宮邦彦が麹町一番町の新しい邸地に移ったあと、弟の朝香宮は明治四十三年三月二十七日に高輪に邸宅を構えるようになり、同じく東久邇宮は大正三年三月八日に、麻布市兵衛町の、そのむかし皇女和宮が静寛院宮として暮らしたことのある邸地を自らの邸地とするにいたっている。

弟君たちの各宮家も落ちついた後、久邇宮家は再度新しい邸地に、本格的な御殿を建設しはじめる。今度の邸地はそれまでに比べるとぐっと郊外に出た東京府豊多摩郡渋谷町下渋谷豊島御料地とよばれる場所である。ここは後には渋谷町宮代という名になる場所、現在の地下鉄広尾駅のそばだった。

この新しい邸地は、東京の発展に伴って宮家の邸宅も東京のひとまわり外側（といって

昭和初年の久邇宮邸（アミ点部分）
（内山模型製図社『渋谷区全図』より）

も山手線の内側であるが）に進出してゆく動きのひとつである。

久邇宮家がここに新しい御殿を建てはじめるのは大正六年のことで、この年の三月一日に起工、九月二十日には上棟式にこぎつけ、翌大正七年の六月五日に竣工している。宮家がこの新邸に引越すのは、その一年後、大正八年の五月五日である。

こうしたあわただしい動きの一方で、久邇宮良子姫を皇太子妃とする準備もはじまっており、すでに麴町一番町の邸地には妃教育のための御学問所も建てられていた。この建物は宮家が渋谷の新邸に引き移る際に移築されている。

また、これまでずっと持ちつづけていた麻布鳥居坂の邸地の東側の方、つまり日本風の御殿の建っていた土地も、いよいよ決定的に不用となったので、新邸建設工事がはじまった大正六年には売却されている。

東京の西郊への発展を反映する

久邇宮家が東京の旧市内から新市内の広々とした土地に引き移ってゆくのは、将来の皇后の実家として、ひとまわり宏大な邸地を構えるための準備とも考えられるし、たしかにそうした側面もあったであろうが、同じような郊外移転のうごきは、多かれ少なかれ他の宮家にも見られたものだった。

ここで、昭和の初年における各宮家の邸地を概観してみよう。順不同に邸地を掲げる。

久邇宮家　市外渋谷町宮代
賀陽宮家　麹町一番町
梨本宮家　市外渋谷町美竹
竹田宮家　芝高輪南町
北白川宮家　芝高輪南町
伏見宮家　麹町紀尾井町
閑院宮家　麹町永田町
東伏見宮家　市外渋谷町常盤松
山階宮家　麹町富士見町
朝香宮家　芝白金三光町の御料地に新邸建設予定
李王家　麹町紀尾井町
李鍵公家　市外渋谷
秩父宮家　赤坂表町

こうした宮家の配置を概観してみれば、赤坂、麹町といった維新以来の邸地のほかに、高輪あるいは渋谷という東京南西部の新邸地が目立つ。渋谷を市外というところが、泣かせるではないか。大局的には東京が西郊にむかって拡大発展してゆく波を反映した新邸配置ということができよう。

これらの宮家のうち、竹田宮家と北白川宮家の洋館は高輪プリンスホテルの一部として、李王家の洋館は赤坂プリンスホテルの一部として現存しているから、われわれも訪れることができるが、跡かたなく消え去ってしまった宮家の邸地も多い。

久邇宮家の場合には、洋館ではなくて和風の御殿の方が現在まで残されている。というのも、久邇宮家一家が新邸に移って間もない大正八年十二月十八日に、この邸宅の洋館は炎上焼失してしまったのである。その後これに替る本格的な洋館が再建されたか否かは不明なのだが、おそらくは洋館は建てられなかったのだろう。

何故なら、洋館が焼けてしまったあと、大正十一年三月に常御殿という日常生活を営むための和風建築が邸内に起工され、大正十三年十二月に完成しているからである。この常御殿の建物が、本館の一部とともに、現在まで残されているのである。

久邇宮家がこの邸地に越してきた大正八年五月五日から、常御殿の完成する大正十三年十二月までの間に、良子姫は皇太子妃となってこの屋敷をあとにするのである。具体的には大正八年六月十日に皇太子と正式に御婚約発表、大正十三年一月二十六日に御成婚ということである。

渋谷の久邇宮邸は、未来の皇后が巣立ってゆくために造営され、その最後の思い出を与えた場所であったように思われるのである。

聖心女子大に変じた旧邸地

久邇宮邸の現在はどのようなものであろうか。

ここでは和風の御殿が残されて現在に至っていると先に述べた。しかしながら多くの宮家と同じく、久邇宮家も戦後は皇籍を離脱して、渋谷の邸地もまた久邇宮家のものではない。ここには戦後、聖心女子大学のキャンパスが設けられた。

聖心女子大学は昭和二十三年に学制改革にともなって発足したものだが、その出発は直接的には大正四年に認可された聖心女子学院高等専門学校である。

このとき、聖心女子学院は芝白金三光町四二五番地に設立された。聖心女子学院が旧久邇宮邸地に大学を設立するのは戦後まもなくであった。旧邸地は大学のキャンパスとなったが、そこに建つ和風の御殿はそのまま大学の施設として利用されつづけることになった。

こうして昭和の時代の皇后を育てた館は、戦後、多くの女子大生たちを育てる館へと変身をとげたのである。

五反田駅ちかくの島津山にある清泉女子大学は旧島津邸の邸地をキャンパスとし、もとの洋館をキャンパスのなかに残しているが、むかしの大邸宅の邸地をキャンパスに転用す

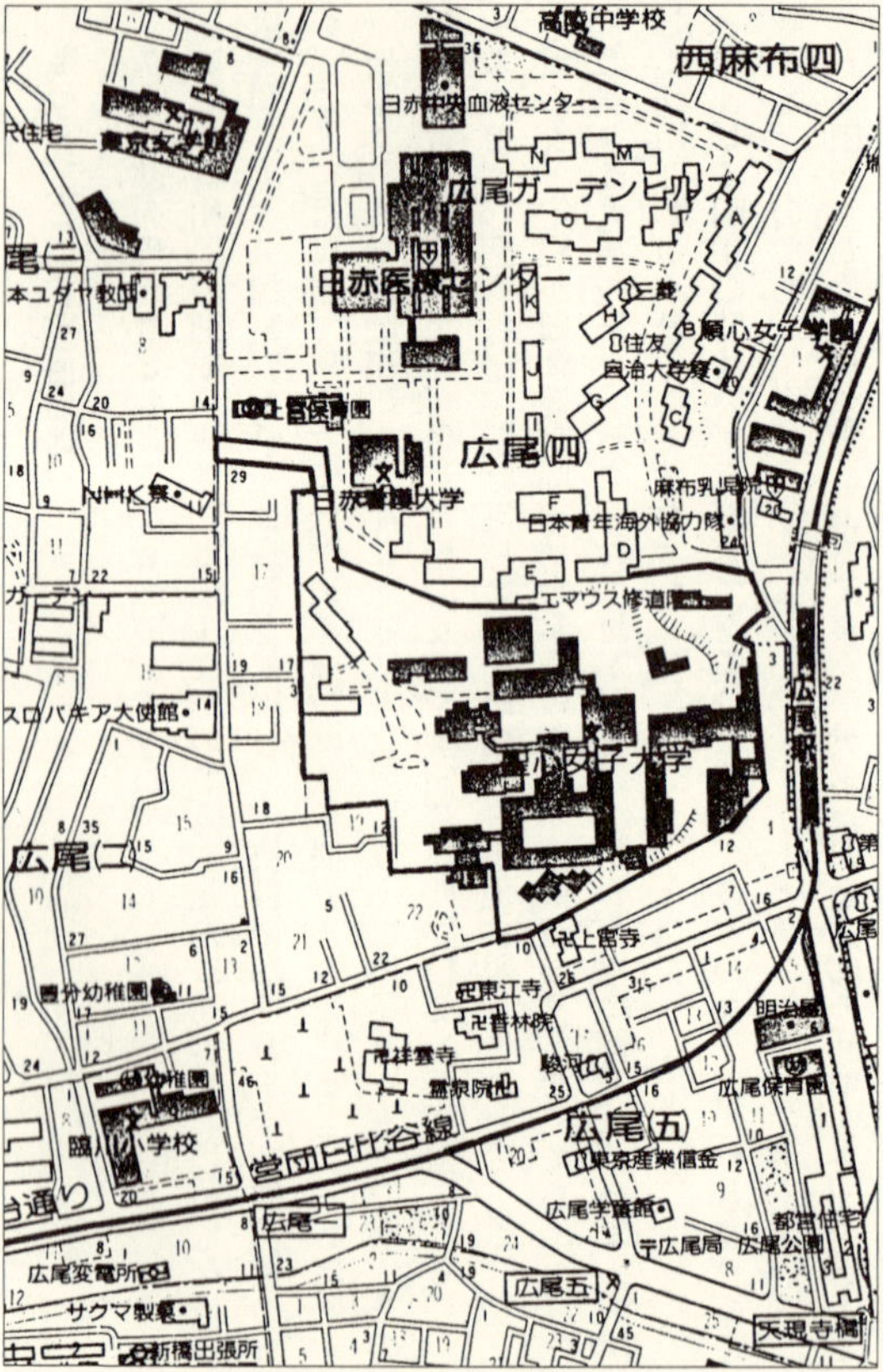

聖心女子大学となった現在の邸地（太線内）
（昭文社『東京都区分地図』より）

る例はそうめずらしいものではなく、また、もとの古い建物を学校の施設として記念的に使いつづける例も決して少なくはない。そしてもとの古い建物も洋館ばかりでなく、和風の建築であることも多い。最近九州の久留米の町を歩いていて、明治天皇の行幸の際に用いられたという和風建築が、高等学校の同窓会館として用いられつづけているのを目にしたが、なかなか良い建物であり、良く維持されているようであった。

聖心女子大学に変じた旧久邇宮邸の建物は、そののち、平成の時代の皇后を育てた館となる。昭和三十四年に皇太子妃として御成婚の儀をあげた現在の皇后は、ここに大学生活を送ったからである。

無論、これは単なる偶然にしかすぎないといえることであろう。けれども、このような偶然がおきるところに、都市のなかの小さな歴史のおもしろさがあるのである。

土地も建物も、都市のなかにじっと動かずに存在している。だが、その土地のうえを通りすぎる人々は多彩だ。思いがけぬ偶然がその土地のうえを交差し、それでいながら人々はその偶然を特に気にとめることもなく過ぎてゆく。

土地の歴史としての都市の歴史は、土地のうえを流れる時間の古層のなかに、おもわぬ人々の姿をうかび上らせてくれるものなのだ。

後記

本書では、一切註記を用いなかった。本書のような記述の場合、事実の典拠を註記したとしても、それ以上の拡がりを示すものとはならないように思われたからである。しかしながら、本書を書くについての方法と資料について、最後に少しだけ一般的な釈明を施しておきたいと思う。

*

本書の方法上、もっとも影響を受けた著作は左記の書である。

J. Summerson, *Georgian London*, London, 1945, 1988.

この著作は十八世紀のロンドンの歴史を、貴族たちがロンドン市内に所有する地所の開発の歴史として叙述したもので、昔この本をはじめて読んだときから、いつか東京について同じ視点に立って調べてみたいと思いつづけてきた。ロンドン県庁が今世紀初頭から延々と出版しつづけている *Survey of London* という大冊の調査報告書のシリーズも、近年刊行のものは地主による住宅地開発の研究報告が多く、これもまたおおいに刺戟的である。

地霊《ゲニウス・ロキ》という概念についても、新旧さまざまな研究書や論考があるが、極めて我が田に水を引きやすい概念なので、ここではオーソドックスな紹介と史料集をあげるにとどめる。

N・ペヴスナー『美術・建築・デザインの研究Ⅰ』(鹿島出版会刊)
J. D. Hunt, P. Willis 編、*The Genius of the Place*, London, 1975.
Christopher Hussey, *The Picturesque*, London, 1927, 1967.

これらの文献には、アシュレイ・クーパー(一六七一―一七一三)やアレグザンダー・ポープ(一六八八―一七四四)から、ランスロット・ブラウン(一七一六―一七八三)やハンフリー・レプトン(一七五二―一八一八)に至る十八世紀英国の人々によるゲニウス・ロキの概念が記されている。ここではそのまとめとして、Christopher Thacker, *The*

History of Gardens, London, 1979. における説明を引いておこう。彼は「ある場所の『雰囲気』がそのまわりと異なっており、ある場所が神秘的な特性を持っており、そして何か神秘的なできごとや悲劇的なできごとが近くの岩や木や水の流れに感性的な影響をとどめており、そして特別な場所性がそれ自体の『精神』をもつとき」、そこには「ゲニウス・ロキ」があると述べるのである（一〇頁）。

それ故にこそ、『アレキサンドリア・クァルテット』とよばれる四部作を著し、アレキサンドリアという都市（場所）の性格を主人公にした多面的な小説を成功させたロレンス・ダレルは、一九六九年に刊行したエッセイ集に『場所の精神（*Spirit of Place*）』という標題を与えているのであり、場所性に対する感受性の強いこの作家が、ゲニウス・ロキという概念の伝統につらなるものであることを自ら表明しているのだ。ゲニウス・ロキという概念は決してローマにはじまり、十八世紀英国に現われて終った概念ではないことが理解されよう。近年においても、極めて個性的な解釈ではあるが、

C. Norberg-Schulz, *Genius Loci*, Milano, 1979, N.Y., 1984.（邦訳『ゲニウス・ロキ――建築の現象学をめざして』（加藤邦男訳、住まいの図書館出版局、一九九四））

のような研究書も著されている。

＊

ここで、「ゲニウス・ロキ」という概念を「地霊」と訳すときに生ずる問題について、少々述べておきたい。一般に西欧における「地霊」というイメージとしては、ゲーテの『ファウスト』第一部の冒頭に現われる「地霊」、あるいはアルバン・ベルクの歌劇『ルル』の原作でもあるヴェデキントの戯曲『地霊』などが思い浮ぶのではないかと思われるからである。ゲーテやヴェデキントにおける「地霊」はErdgeistという概念であり、これは場所や土地の精霊ではなく、大地そのものの力、惑星が魂をもつように大地もまた魂をもつという錬金術的な思想につらなるものだといわれる。この概念はラテン語においては、ゲニウス・ロキ（Genius loci）ではなく、アニマ・テラーエ（Anima terrae）に結びつくらしい。すなわち、ゲーテやヴェデキントにおける地霊（Erdgeist）という言葉は、場所（locus）ではなく大地（terra）に至る概念なのであり、ゲニウス・ロキとは異なる概念の系譜に属するものである。本書における「地霊」は、ゲニウス・ロキと発音していただきたいと願っている。ゲーテの場合にも、『イタリア紀行』における土地への感受性のなかには、ゲニウス・ロキへの意識が見られるという。

＊

東京の地霊《ゲニウス・ロキ》についての調査資料として用いたものは、主として社史・伝記資料、地図、地籍図である。本書に登場する人物たちについては、殁後まもなく、極めて浩瀚な伝記がまとめられている例が多い。ヴィクトリア朝風伝記とも称すべきこれら戦前の伝記には「趣味と生活」といった章が付されるのが通例で、そこからその人物と土地邸宅とのかかわりについての多くの情報が得られる。

もっとも、伝記には修飾と隠蔽がつきものであるから、現地での調査、地図との照合等の作業が必要になってくる。逆に、現地での調査から人物が浮び上ってくることも多い。

地図資料は明治以降、各種のものが残されているし、近年は復刻も多い。

土地の実際の所有関係を知るには地籍図とその台帳を調べる必要があるが、旧市内各区については公刊されたものもあって便利である。ごく最近の復刻も合わせて、左記の二種は使うに便利で、計り知れない情報が秘められている。

『東京市地籍図・同台帳』昭和八―九年、内山模型製図社出版部

『地籍台帳・地籍地図』明治四五年（平成元年復刻、柏書房）

また、『東京市史稿』「市街編」および「遊園編」を参照した部分も少なくない。それ以外の個別的な研究書や解説書は、つとめて本文中で触れておくように心がけたつもりである。人名や引用文は旧字を新字に改めた。

＊

各章の内容は、いままで二十年ほどの間に多くの方々にお世話になりながら行なってきた作業の結実であり余録である。直接には、建築を成立させている七つの領域を論じた小著のなかで、「地霊の力」という章を書いたことが本書への道をひらく原因になっている(『建築の七つの力』一九八四)。

第一章と第二章は、以前から印象に残っていた土地の風景と、それらの土地のその後の動きとの落差に触発されて調べたものである。第三章は近代和風建築の系譜を調べていて行き当ったテーマである。お話をうかがった藤井喜三郎氏、桜井宗梅氏に深くお礼申し上げたい。

第四章は東京芸術大学の前野嶤先生らと行なっていた上野の杜の会という勉強会や、奏楽堂の保存運動がひとつの契機となっている(『上野奏楽堂物語』東京新聞出版局編、一九八七)。

第五章はJ・コンドル設計の岩崎弥之助邸(開東閣)や益田孝邸を調べていて注目した

土地を主題としたものである（「コンドル岩崎家高輪別邸に見る大邸宅時代」『都市住宅・住宅特集』第五号、一九七三）。

第六章は知人の数代前の祖先の所有した地所の話から派生して、近隣の地区を調べているうちに行きついた土地を対象としたものであるが、話じたいは知人の祖先とは関係のないところに行ってしまった。

第七章は、古書店で『福羽逸人回顧録』という肉筆本を入手したことが直接の機縁となっているが、昭和六十二年度の東京における文化財庭園の保存・復原・管理等に関する調査に参加させていただいたことも個人的には役立っている。日本造園学会の諸先生にお礼申し上げたい。

第八章は小田原に残る山県有朋の別邸古稀庵の実測調査をさせていただいたことの副産物である。調査を命じて下さった故大江宏先生にはお礼の言葉もない（『山縣有朋旧邸小田原古稀庵調査報告書』一九八二）。

第九章は中央区日本橋に建つ三井本館の記念刊行物の編集に参加させていただいたことによってまとめられた。この建物を所有する三井不動産の関係各位、特に石田繁之介氏および三井高宣氏には大変お世話になった（『三井本館』一九八九）。

第十章は東京大学の芳賀徹先生らの明治美術研究学会でのディスカッションに触発された部分を含んでいる。同学会の皆様には今もお世話になりつづけている。

第十一章は東京大学総合研究資料館で開催された展覧会のカタログの一部を執筆させていただいたことに起因している(『東京大学本郷キャンパスの百年』一九八八)。

第十二章は鎌倉に現存する長尾欽弥旧別邸扇湖山荘の実測調査を行なったときに、その本邸跡地について別個に調査した結果の物語である。

第十三章は、第八章のテーマのきっかけとなった小田原の古稀庵を調査した際に、同地にその後建てられた建物の設計者として名前の判明した森山松之助の他の作品を調べていって、旧久邇宮邸に行き当り、その実測調査を行なったことに起因している(「旧久邇宮御常御殿について」——『東大工学部紀要A』一九八六)。

その意味では第八章と第十三章は小田原から派生した兄弟のようなものだ。

同じような意味で、第三章に現われる高橋義雄は山県有朋と益田孝と密接につながっているので第五章と第八章に関係し、庭園の世界をたどってゆくと第八章と第十二章に現われる人物にもつながってゆく。つまり、各章に現われる土地や人物たちは、歴史のなかでどこかしらで共通の交点をもっているのである。都市の歴史、土地の歴史のおもしろさは、そうした幾重にもわたる錯綜のうちにある。

*

けれども、都市の歴史は土地の歴史だと、本当に実感したのは、谷中の墓地を歩いていて、ひとつの巨大な墓碑銘に出会ったときだった。
土方元久篆額とあるその碑は、幕末に日本橋本銀町に「蠟油及雑貨舗」を開いて、後に財をなした人物の生涯を伝えていた。そしてその長大な碑文の中ほどに、つぎのような文字の列が刻まれていたのである。

「……明治之初人心洶洶　且不謀夕列矦　第宅荒涼寂莫　其価如拾芥　翁謂　江戸天下要区　後必復興派人四方　多買土地家宅　未幾江戸改為東京　官商四集物價暴騰　乃縦嚮取買者以獲巨利……」

つまり、明治のはじめに江戸は荒涼としてしまったが、江戸は天下の中心だから必ず復興すると信じて、この墓の主は土地家宅をゴミのような値段で買いまくったのである。案の定東京は復興し、彼は巨利を博した……。
ここには、東京の土地が活写されている。私は雨のなかで碑文を筆写しながら、幕末から明治への土地の変化の現場に立ち会っているような興奮をおぼえた。そのときに、私は最終的に本書を書こうと決心した。だから、この物語は研究室の机の上で発想されたのではなく、雨模様の谷中の墓地から生まれたのである。

＊

本書の原型は、第七章を除いてすべて博報堂の広報誌『広告』に一九八八年一月から一九八九年十二月まで十二回にわたって、「東京地霊譚《とうきょうちれいばなし》」というタイトルで連載させていただいたものである。同誌にあって編集を担当して下さった細井聖氏には何から何までお世話になった。特に錦絵や久能木商店の広告を探し出して下さったことに感謝している。第七章は、『短歌研究』一九八九年三月号に書かせていただいたものに加筆して本書に収めた。同編集部にも深くお礼申し上げる。

連載開始直後に連絡をいただき、出版へのあらゆる作業を行なって下さった文藝春秋の藤沢隆志氏には、最終的な本のイメージを与えていただいた。全体を十三の章にまとめてはどうかというのも氏のアイデアだ。妻杜幾子をはじめ、私の周囲のあらゆる方々にも世話になった。感謝する。

一九九〇年四月

鈴木博之

ちくま学芸文庫版への後記

本書の原型は一九八八年から八九年に亙って博報堂の広報誌『広告』に連載し、それが一九九〇年文藝春秋社から単行本として出版され、一九九八年に文春文庫として刊行されたものである。このたび、ちくま学芸文庫として再刊されることは、まことにありがたいことである。最初に印刷に付されてから二〇年という年月が経っていることに感慨を覚えざるを得ない。

ここで、最初にこの本が書かれた頃の状況をわたくしなりに振り返ってみたい。一九七〇年代から八〇年代にかけては、多くの東京論、都市論が発表された時期である。わたくしが個人的に影響を受けた著作を挙げてみたい。

一九七八年　磯田光一、『思想としての東京』（国文社）
一九七九年　冨田均、『東京徘徊』（少年社）
一九七九年　川添登、『東京の原風景』（日本放送出版協会）

一九七九年　小木新造、『東京庶民生活史研究』（日本放送出版協会）
一九八一年　初田亨、『都市の明治』（筑摩書房）
一九八二年　前田愛、『都市空間のなかの文学』（筑摩書房）
一九八二年　藤森照信、『明治の東京計画』（岩波書店）
一九八五年　陣内秀信、『東京の空間人類学』（筑摩書房）
一九八七年　山口広編、『郊外住宅地の系譜』（鹿島出版会）

これらの著作がつぎつぎに刊行されてゆくなかで、わたくし自身が東京について考えてみたいという気持ちが湧いてきたのだった。

わたくしの方法といえるものがあるとするなら、それは鳥瞰的に都市を見るのではなく、個別的に都市を見ること、ケース・ヒストリー（個別史・事例史）的に都市を見ること、であった。また、都市を見るときに、それを「空間」的に把握するのではなく、「場所」的に把握したいということも念頭にあった。ゲニウス・ロキ（地霊）という概念は、そうした方法にぴったりだったのである。

この本を纏めてから、

一九九六年　『見える都市／見えない都市』（岩波書店、岩波近代日本の美術3）
一九九九年　『日本の〈地霊〉』（講談社現代新書）

という関連書を刊行したことを記しておきたい。また、川添登『東京の原風景』がちくま学芸文庫化された際には、その解説を書くことができた。

最後に、本書は、一九九〇年当時の状況に基づいたものであるから、現況はその後の更なる変転を受けて異なる点が多々あることを、読者にはご了解いただきたい。

今回ちくま学芸文庫に収めるに当たっては、編集を担当してくださった天野裕子氏に感謝したい。

二〇〇九年一月

鈴木博之

●本文中の図版協力（アイウエオ順）

内山茂（内山模型製図社）、柏書房、久米美術館、行人社、護国寺、昭文社（『地図使用承認©昭文社第98E003号』）、新宿御苑、椿山荘、日地出版株式会社、港区立港郷土資料館

●目次章扉地図

モリシタ

文春文庫版解説

藤《ふじ》森《もり》照《てる》信《のぶ》

もう三十年ほど前になるが、大学院に入って最初の授業の時のこと。ロの字型のテーブルの向う正面には日本建築史学の泰斗の太田博太郎先生が座り、こちら側には五、六人の大学院生が並んでいた。授業がはじまり、最初はノートをとっていたが、話の展開の仕方が物語り的でとてもいちいち書いていられなくなり、ただ聞いていた。そしてふと隣りの席を見ると、やや小柄でどちらかというと童顔系の大学院生が、ちゃんとノートをとっているではないか。よくマアこの取り留めのない話をノート化できるものだとあきれながら、のぞくと、キィーワードを書きながら、それらの間を矢印や二重線でつないだり、矢印の横に何か注釈を付したりしている。

取り留めなき昔話をいくつかのキィーワードに凝縮し、キィーワード相互の関係を図示してゆく。私のようにただ話の筋を追うんじゃなくて、筋を追いながら同時に一歩踏み込んで分析し、筋の背後にある構造を明らかにしながら耳を傾けているのである。

〝東大にはこういう明晳な頭脳の持ち主がいるんだ〟、と仙台の大学から東大の大学院に進学したばかりの田舎者は感心した。

それが一年か二年上の鈴木博之だった。

他の授業でも会うようになり、しだいに話を交し、彼が新聞の懸賞論文に一等当選した論文や建築雑誌に書きはじめていた文章を読むようになって、明晳きわまりない頭脳への感心は感嘆に変ってゆく。当時、彼が論じたり話してくれたことは、今日の日本の建築界が直面していることばかり。

専門のイギリス建築史についても、建築史にとどまらず当時の思想状況から社会の様子まで実に幅広く押さえ、その押さえをちゃんと活かして一つ一つの建築の姿を浮きあがらせるというやり方をしていた。建築史という枯れて干からびがちな学問に、生きた血を注入し、建築がまるで人物のように語りはじめる。そういう学問の方向を目ざしているのが分かり、私もそうありたいと思っていたから、同志を得たようでうれしかった。

あれこれ付き合ううちに、フッと彼の表情に孤独な影がさすのに気づくようになった。また、建築の保存運動の中で、ほとんどもうイコジとしかいえないほどの言い出したら聞かないぶりや、アナーキーなまでの徹底抗戦ぶりを目の当りにし、ただの頭脳明晳者でないことを思い知らされる。そうした核の固さは、日頃の、けっして自分の頭の切れを振り回さず、むしろ控え目な姿からは思いもよらない。

〝転校生〟を思った。あまりに私事にわたり説明抜きになるが、信州の田舎の小学校の五年の時、東京から転校してきた、小柄で色白で標準語を話し、頭がよくてしかし控え目で、われわれとはあまりうちとけないうちにまた転校していった横井君という医者の家の少年のことを思い出した。

私は、田舎の土着派だったから、横井君の中に自分と正反対のものを感じ取っていたが、その転校生の感触を小学五年以来ひさびさに思い出したのだった。

何かのおり、鈴木さんに聞くと、生れは東京だが、小学生の時から全国を転校、ただし私のような田舎小学校じゃなくて各県都の国立大学の附属小学校を転校した、とのことだった。

転校生、明晳な頭脳、イギリス。この三位一体を裏切らない、非土着的研究を、鈴木博之は次々に世に問うてゆく。『建築の世紀末』、『建築の七つの力』などなど。いずれもイギリスおよびヨーロッパ建築をテーマとした教養あふれる研究成果で、日本における西洋建築の研究は彼によってこのように切り拓かれていく、と建築界の誰もが思った。

ところが、十年ほど前からにわかに、彼から吹き出す風の向きが変ってきた。「維新の立役者の中では山県有朋がいい」とか、「小川治兵衛の庭について考えるため、鞍馬（？）の谷川を見に行ってきた」とか、わけのわからないことを言いはじめる。明治の軍と内務省を握って政権を裏から操った山県は一般的には嫌われものなのに、それをどうして鈴木さんのような国際派のインテリが好むのか。小川治兵衛は京の庭師で、イギリスの研究とどこでつながるんだろう。明るく高く晴れた知性の空間に、湿りを帯びて重い空気がにわかに吹き込みはじめたような印象。

そして、この本が刊行されたのだった。

東京、エッ。東京の郊外の生れとは聞いていたが、育ったのは全国各地で、かくべつ東京への思い入れはないはずなのに。きわめつけは地霊。ロゲルス・ニキ、じゃなかったゲニウス・ロキと読ませたって字面は地べたの地と幽霊の霊。地霊。どうしてこんなおどろおどろしいことを。もっともそういうものと遠く、近代化された東京を舞台にして。

「東京に地霊はない、死に絶えている」

と、私は言う。

「東京は地霊にみちている。この件では君の方が負けだ」

と彼は断言する。

十三の章を読んでみて、彼が霊的なものというか知性とは別な触覚を働かせながら書いているな、と思ったのは、上野の山を語った章だった。

「彰義隊は決して無益な死を遂げたわけではなかったのだ。上野という場所の意味を、徳川の歴史のすべてを込めて振り返ってみせ、その場所を自分たちの死に場所にすることによって（略）。彼らの死は無益な死ではなかった。彼らは自らが敗れ去る姿によって、江戸という町の本質を官軍に示したのだった」

知的な好奇心とは別筋の彰義隊への共感と、彼らの死への追悼の気持ちが行間ににじんでいる。一つの土地、一つの出来事への個人的な思い入れを彼が披瀝したのは、この上野を語った文がはじめてだった。

後に知ったのだが、彼の御先祖さまは江戸開府以来の幕臣で、数代前の御先祖筋の一人が上野にたてこもり、死んでいるという。

東京という、見方によってどうとでも見えてくる都市を、彼は、一つの土地に刻まれたのっぴきならない個別の歴史を通して見ているということを知った。土地や地域には土着しない転校生とばかり思っていたが、彼の内面はそんなに簡単じゃなかった。

おそらく、彼自身も、最初から江戸、東京への彰義隊的共感は自覚していなかったんじゃないかと思われる。むしろ、調べたり、歩いたりしているうちに、自分の根をたどるようになり、途中から上野の山をころげはじめ、不忍池にはまったんじゃないか。

私のように、はまるべき場を東京に持たない者は、なるほどそういう視点からの東京の論じ方があったのか、と感心するのだが、しかし、それを地霊とまで言われると、〝土地の記憶〟くらいにしてほしい、と思ってしまう。

私は、子供の時に一度、山の中の水たまりのほとりで、自然の精霊のようなものに心を引き込まれ、あやうく神隠しにあいかけたことがあり、そういうのこそ地霊というんじゃないかという気持ちが抜けないのである。

（東京大学生産技術研究所教授）

ちくま学芸文庫版解説

石《いし》山《やま》修《おさ》武《む》

『東京の「地霊」』は一九九〇年五月に文藝春秋より単行本として刊行され、一九九八年三月に文庫化された。文庫化に際しては建築史家の藤森照信が解説文を寄せている。筑摩書房による再文庫化に当ってこの解説は、だから藤森照信の解説の続編として書くことにする。何故なら氏の解説の大半に私は同意するし、実に良く出来た解説であったと言わざるを得ないからである。

ただし、あれから十年が経っている。

藤森が同業である鈴木博之の顔を立てながら、礼節をわきまえながらも、実は本当に書きたかった事。それは「東京に地霊はない、死に絶えている」という事だった。更には、地霊を語るにふさわしい人間は実は俺だと言う事であった。それを彼は子供の頃に、山の中の水たまりのほとりで、自然の精霊によって、あやうく神隠しに遭ったんだから、と柳田国男の少年時代の逸話の如くに述べ、最後には、俺の方に地霊は味方としてついているんだと、鈴木みたいな東京育ちの、しかも風の又三郎みたいに転校生であり続けた生れも育ちも現代人である人間に地霊は視える筈が無いと、いかにも藤森流にアッケラカンと放言していた。

まことに史学者というのは厄介極まる存在なのである。客観的に、実証的に論述し続けるかと窺える鈴木博之の書物群には、藤森流の放言、自己露出は簡単には見てとる事は出来ないけれど、行間にはそれに類する精気が溢れ返っているのである。がしかし、それが感じられる様になるのは、私ぐらいに複雑で長い鈴木研究の手続きを踏む必要があるのであって、文庫本一冊を読み流してもそれは解りようがないのである。と、先ずは史学者の本性を真似て私もホラを吹き上げておく。全く、史学者、それも一流の奴程、見て来たような嘘を書くからな。用心するに越した事はない。

で、私が藤森の十年前の解説の続編を書こうと思ったのは、ただ一点それに誤りがあるように考えるからだ。しかもそれは重大な誤りである。だからその誤りを記しておこうと考えたからである。つまりどうやら、地霊に関しては藤森説は誤りであって、これは実に鈴木博之に分がありそうだと、その事だけを書いておきたい。何故なら私も十年前には藤森同様に、都市に、しかも東京に地霊なんて生き残る程に近代はルーズじゃない。地霊という地霊、精霊らしきを冷徹にローラーして仕舞うものこそ近代というシステムなんだと、むしろ常識的に考えていたからである。これは明らかに不覚であった。黙っていれば誰が知るわけでもないけれど、こんな間違っていた事を考えたまま更に老いてゆくわけにはいかない。だって私は実は建築史家になりそこねた建築家であって、時々作る建築らしきものにも次第にその私的小史が反映されてきている。ここで私的全体性と書きたいのに歯を喰いしばって書かぬのも、それは鈴木の専売特許だからで、建築史学という学問の王に私なりに義理立てしているからである。そう、建築史学は諸学問の王なのである。だって自然科学の領域、つまり宇宙や地球そのものを扱う分野を除き、人間がつくるモノの領土では建築物は最大級、最重量級の文化的産物であり、人間の生命さえもそれを依代にしてゆかねばならぬから、それの歴史を探究するのは権力を持たぬ王の振舞いに似ているからだ。建築史学は実に人間的で、つまりは文化的なフィールドにあり、底深く面白いのである。

それはさておき、どうやら、藤森はこの件では誤ったのであり、やはりというか、何と驚いた事にと言うべきだろうが、鈴木の言う通り、東京は地霊に満ちているのである。そして、そう思ってこの本を読み直すのと、マサカ地霊なんてと疑心暗鬼のままに読み直すのとでは、東京は、都市はまるで違う世界を見せてくれるのである。鈴木が子供の頃好んだらしい自分の股の間に頭を挟んで世の中を視る股眼鏡の如くに天地が逆転するどころか、都市という社会的現実は膨大な死者の歴史の集積によって成立している事が視えてくる。不思議だナア実に。この書物は都市という総合体を眺める歴史の股眼鏡のようなものだ。

鈴木博之とは二十代の頃からの厳しい附合いである。油断も隙も無い厳しい交友とは如何なるものか、恥を忍んで一例を示す。三十代初め私は初めてインドに旅した。他愛無く感動してしまった。極端に切りつめた貧乏旅行であった。最後にいささかの金が余った。それでマア一流のホテルになけなしの金を投じた。マジェスティックだったかメトロポールだったか忘れたが、そこから鈴木に手紙を書いた。ホテルのレターヘッド入りの便せんを使った。日本に帰ってしばらくして彼から返信があった。いずれ自分もホテルのマークが入った紙で旅の便りを出せるような気持になってみたい、と書かれていた。このヤローと思ったが、一つ学んだ。打ち解けても相手にそれを求めるな、という交友の原理であり、個人を厳として核に置く近代精神の現実である。

鈴木との交友でイヤという程に学んだからこそ、敢えて再びその誤ちを犯して現実に立ち向ってみようと思う。二度目であるから極めて方法的に誤ちを犯すのである。歴史家の書くものに接するには、これ位の歴史的しつこさが必要なのだ。

今、北京でこの解説文を書いている。ワザワザ解説を書く為に北京まで来たのではないが、用事もあって、それで北京で解説を書いてやろうと考えた。ピシリとやられた三十五年昔の記憶がよみ返ったからでもある。

地霊について考えるにこの場所が一番だとも考えたからである。大事な事を考えるには舞台、すなわち場所も重要なのだ。私は今、北京オリンピック会場、国家スタジアム「鳥の巣」や電気仕掛けで発光するスイミングプールを目近に見下ろす、ホテルの十七階にいる。今度はマジェスティックではなくって、北京盘古《バンコ》七星酒店である。友人の中国人建築家李祖原が設計した。メインスタジアムよりはるかに大きな建築の一部に居る。何しろデッカイ。万里の長城をモデルに設計されたこの建築については、鈴木がいつだったか新聞に短評を書いていた。何故この場所が地霊について考えるのに適しているかと言えば二つの理由がある。一つではないところが、グローバライゼーションの只中に在る都市に地霊が生き続けているのを決然と証明してしまうのだ。実はこの巨大建築を設計した李祖原も鈴木に「近代都市に地霊など居るものか」と強く反論して、余りにも有名な鈴木の倍返しの徹底した返り討ちにあい、「そうだったか、それだったらやはり地霊はやはり存在するのだ」と、納得した歴史がある。そのやり取りの一部始終に立ち会っていた私もまた、眼からうろこが落ちたものだった。

ニューヨークの話になった。場所は東京新宿の小料理屋だった。李は問うた。「鈴木さん、ではニューヨークに地霊はどの様に存在しているのか。」鈴木博之は答えた。「二十世紀は建築の長い歴史の中ではオフィスビルの時代であった。そしてオフィスビルの時代の代表がミース・ファン・デル・ローエの設計したシーグラムビルディングだ。あれはニューヨークの地霊が成した表現である。」

「シーグラムビルの何処にニューヨークの地霊を視てとれるのか。」

「ニューヨーク、すなわちマンハッタンのマスタープラン（全体計画図）を想い起こしてみよ。実に整然とした格子状の街区の連なりだろう。しかも、マンハッタン独特の格子状が視てとれる。」

「それはよく解る。中国の西安（長安。奈良、京都の格子状の都市作りの原型）や北京の格子状とは確かに違う。そこ迄は理解できる。」

「シーグラムビルの姿を考えてみよう。あの姿は、まさにマンハッタンの格子状が建築として立ち上がっている姿だと思わないか。」

「……ウム。」

「ミースの建築はユニヴァーサルスペースの祖とされている。世界中の何処にでも、同じように立ち現われる事が出来る普遍性を持つと言われている。そうだね。」

「そうだ。私もそのように学んだし、私はそのユニヴァーサルな普遍性、均質性と、ある意味では戦っているんだ。」

「それはよく知っている。貴方の中国大陸や台湾での世界有数の巨大建築には、ミースとは別の独特さがある。」

「……確かに、言われてみれば、シーグラムビルディングの表情はマンハッタンの格子がそのまま表われているとも言えるな。あの独特な格子が……。」

「そうだろう。あれこそがニューヨークの地霊の姿なんだ。ミースはその類まれな直観でそれを見た、そして成したのだ。あの建築の凄さはユニヴァーサルな均質空間の素型としての価値にあるのではないんだ。あの地霊の表現の仕方、それが建築家の成すべき力の核なのではなかろうか。」

「ウーム。私はようやく貴方が、そして、貴方の考える地霊を解りかけてきたようだ。これから私なりによおく考えてみよう。」

珍らしく鈴木博之がその直観を豪速球で相手目がけて投げつけた時間であった。書けば簡単なようだが、その夕べ、小料理屋の小テーブル上には会話を補足するための沢山のスケッチや漢字が記された紙片が散乱して、その浪費とも思える会話の様式は実に美しかった。

「貴君を私の先生と呼んでよいか。」

「よして下さいよ。今更、ミスター李。友人と呼んで頂くだけでありがたいです。」

「私は今夕、貴君に非常にインスパイヤーされた。ハッキリと影響された。これから先の私の建築観に一つの指標が示された。だから貴君は本当の先生である。謝々你。」

上手に再現できたかどうかは定かではない。私は中国人程に率直ではない。しかし、アレはよい討論であった。私もまた二人の真剣極まるやり取りを目の当りにしながら、鈴木の考える地霊の近代、そして現代への出現の道筋を直観する事ができたのであった。

そうか、そうやって地霊は都市に出現する事が可能なのか。それならば、都市には地霊が満ちているのがよく解るな。その日を境に私も李も隠れ地霊派に属する事になった。それで今、私はこの解説文を書くのに北京に居るのである。誠に我ながら大変なのである。しかし地霊相手だから、これ位の事をしないと、地霊に対して失礼なのだ。

李の、北京オリンピック競技場を望む万里の長城建築の一隅で、今ようやく朝陽がメインスタジアムの右隣りから昇ってくるのを眺めている。オリンピック会場内には前からとても気になっていた建築物がある。これが地霊の存在をシーグラムビルよりもよほどストレートに、素人にも解り易い形で示しているのである。中国のオリンピック会場は第二の中国の中心であると、李は言う。第一は人民大会堂を持つ天安門広場であり、オリンピック開催を機会に中国はここにセンターを移動させようとしているのだと。だからこそ圧倒的な勢いでその場所全体に国家の力を傾注した。竜の形をした人工の河を作り、オリンピックサイトそのものを国家の荘厳として表わそうと考えた。全てが人工的に作り直された。ただ一カ所だけを除いて。

この場所の一郭に古い伝統建築がそのまま残されている。国家スタジアムやスイミングプールと比べれば、まことにささやかなたたずまいである。しかしオリンピックも終了し、一時の中国を挙げての高揚を経て、その小さな伽藍は異様な存在感を示しているのである。中国国家もそして民衆も共に、この小建築群を徹去、破壊するのを望まなかったとされる。いかにも古い中国をそのまんま残し、見ようによっては現代にさらしているような風景ではある。オリンピックの建築群とは全く似合っていない。国家の力をすれば容易に徹去できただろうに。政府も民もそのまま保存する事を強く望んだと言う。

この場所を王母娘娘廟と呼ぶ。

この廟は今、圧倒的な力を持ってこの中国の第二のセンターを支配している如くに視える。この古めかしい、誰が考えたって地霊そのものがそのまま裸で立っているような一郭なのだが、オリンピックも終り、超現代建築がいささか寂しい姿をさらしている中で、この廟はこの場所を支配し始めているように私には視えるようになっている。明らかに鈴木の、地霊の影響でもある。

二〇〇八年の夏、北京は世界の中心の場所であった。これはシーグラムビルを二十世紀の代表とする考えと比較しても、誰にでも解るだろう考え方だ。そして、その世界の中心であった現代を代表するとも思える場所の一隅に小さな廟が保存されている。この廟の保存のいきさつはいずれ歴史家によって書き記されるべきであろうが、明らかにこれは地霊のなせる力である。

つまり、要するに、いささか考え過ぎる嫌いのある知識人にとっても、深く考える事自体を嫌う民衆にとっても、共に地霊は歴然として存在するどころか、強い力を及ぼし続けているのである。世界の祭典が終了した北京の中心で、歴史家好みの森閑とした寂寥の中に身を浸しながらそれを実感している。自分は今、地霊を視ているのだ。

これで私の三十五年前のインドからの便りに対する鈴木の倍返しへの、倍々返しの念願をようやくにして果す事ができた。わざわざ、北京に、しかも地霊存在を共に学習した李祖原設計の建築から、地霊そのものを目の当りにしながらの仕事も先ずはようやく終える事ができよう。シャワーを浴びて、北京空港へ、そしてそこもまた地霊満ちる東京へ発とう。

そうだ、レターヘッド付の便せんを一式、記念に持ち帰る事にしよう。便せんも荷物に仕舞い込んだので、もう半時はする事がない。

おわりに蛇足を書き加える。画竜点濁である。

鈴木博之が墓地らしきものに異常なと思う位の関心を寄せ続けているのを知っている。よく考え抜く歴史家の自然な帰結でもあろうが、鈴木の場合はやはり少し計《ばか》り異常なのだ。歴史家とは宇宙の虚空程に膨大な死者達の声無き声に耳を澄ます特異な才の所有者でもあろうが、鈴木の一見堂々たる秀才振りの陰にある、その単独者特有の過剰さこそを私は見続けたい。東京の「地霊」は、それ故に鈴木が本来所有している過ぎたるものの片鱗への入口である。

（建築家・早稲田大学教授）

本書は、一九九〇年五月三〇日に文藝春秋より刊行されたのち、
一九九八年三月一〇日に文春文庫に収録されたものである。

初稿 倫理学　和辻哲郎　苅部直編

個の内面ではなく、人と人との「間柄」に倫理の本質を求めた和辻の人間学。主著へと至るその思考の軌跡を活き活きと明かす幻の名論考、復活。

反オブジェクト　隈研吾

自己中心的で威圧的な建築を批判したかった——思想史的な検討を通し、新たな可能性を探る。いま最も世界の注目を集める建築家の思考と実践！

錯乱のニューヨーク　レム・コールハース　鈴木圭介訳

過剰な建築的欲望が作り出したニューヨーク／マンハッタンを総合的・批判的にとらえる伝説の名著。本書を読まずして建築を語るなかれ！（磯崎新）

S, M, L, XL+　レム・コールハース　太田佳代子／渡辺佐智江訳

世界的建築家の代表作がついに！　伝説の書のコア・エッセイにその後の主要作を加えた日本版オリジナル編集。彼の思索のエッセンスが詰まった一冊。

東京都市計画物語　越澤明

関東大震災の復興事業から東京オリンピックに向けての都市改造まで、四〇年にわたる都市計画の展開と挫折をたどりつつ新たな問題を提起する。

新版大東京案内（上）　今和次郎編纂

昭和初年の東京の姿を、都市フィールドワークの先駆者が活写した名著。上巻には交通機関や官庁、デパート、盛り場、遊興、味覚などを収録。

グローバル・シティ　サスキア・サッセン　伊豫谷登士翁監訳　大井由紀／髙橋華生子訳

世界の経済活動は分散したのではない、特権的な大都市に集中したのだ。国民国家の枠組みを超えて発生する世界の新秩序と格差拡大を暴く衝撃の必読書。

東京の空間人類学　陣内秀信

東京、このふしぎな都市空間を深層から探り、明快に解読した定番本。基層の地形、江戸の記憶、近代の都市造形が、ここに甦る。図版多数。（川本三郎）

大名庭園　白幡洋三郎

小石川後楽園、浜離宮等の名園では、多種多様な社交が繰り広げられていた。競って造られた庭園の姿に迫りヨーロッパの宮殿とも比較。（尼崎博正）

東京の地霊《ゲニウス・ロキ》 鈴木博之

日本橋室町、紀尾井町、上野の森……。その土地に堆積した数奇な歴史・固有の記憶を軸に、都内13カ所の土地を考察する「東京物語」。（藤森照信／石山修武）

空間の経験 イーフー・トゥアン 山本浩訳

人間にとって空間と場所とは何か？ それはどんな経験なのか？ 基本的なモチーフを提示する空間論の必読図書。（A・ベルク／小松和彦）

個人空間の誕生 イーフー・トゥアン 阿部一訳

広間での雑居から個室住まいへ。回し食いから個々人用食器の成立へ。多様なかたちで起こった「空間の分節化」を通覧し、近代人の意識の発生をみる。

自然の家 フランク・ロイド・ライト 富岡義人訳

いかにして人間の住まいと自然は調和をとりうるか。建築家F・L・ライトの思想と美学が凝縮された名著を新訳。最新知見をもりこんだ解説付。

マルセイユのユニテ・ダビタシオン ル・コルビュジエ 山名善之／戸田穣訳

近代建築の巨匠による集合住宅ユニテ・ダビタシオン。そこには住宅から都市まで、ル・コルビュジエの思想が集約されていた。充実の解説付。

都市への権利 アンリ・ルフェーヴル 森本和夫訳

都市現実は我々利用者のためにある！——産業化社会に抗するシチュアシオニスム運動の中、人間の主体性に基づく都市を提唱する。（南後由和）

場所の現象学 エドワード・レルフ 高野岳彦／阿部隆／石山美也子訳

〈没場所性〉が支配する現代において〈場所のセンス再生の可能性〉はあるのか。空間創出行為を実践的に理解しようとする社会的場所論の決定版。

装飾と犯罪 アドルフ・ロース 伊藤哲夫訳

近代建築の先駆的な提唱者ロース。有名な「装飾は犯罪である」をはじめとする痛烈な文章の数々に、モダニズムの強い息吹を感じさせる代表的論考集。

シュルレアリスムとは何か 巖谷國士

20世紀初頭に現れたシュルレアリスム——美術・文学を縦横にへめぐりつつ「自動筆記」「メルヘン」「ユートピア」をテーマに自在に語る入門書。

ちくま学芸文庫

東京《とうきょう》の地霊《ゲニウス・ロキ》

二〇〇九年二月十日 第一刷発行
二〇二五年六月五日 第八刷発行

著　者　鈴木博之（すずき・ひろゆき）
発行者　増田健史
発行所　株式会社 筑摩書房
東京都台東区蔵前二―五―三 〒一一一―八七五五
電話番号 〇三―五六八七―二六〇一（代表）
装幀者　安野光雅
印刷所　信毎書籍印刷株式会社
製本所　株式会社積信堂

乱丁・落丁本の場合は、送料小社負担でお取り替えいたします。

本書をコピー、スキャニング等の方法により無許諾で複製することは、法令に規定された場合を除いて禁止されています。請負業者等の第三者によるデジタル化は一切認められていませんので、ご注意ください。

© TOKIKO SUZUKI 2009 Printed in Japan

ISBN978-4-480-09201-4 C0125